En las manos del Maestro

> Vélez, Mary D.
> En las manos del Maestro / Mary D. Vélez; edición literaria a cargo de Luis Pedro Videla - 1ª ed. - Buenos Aires: Deauno.com, 2010.
> 140 p.; 21x15 cm.
>
> ISBN 978-987-1581-64-1
>
> 1. Autobiografía. I. Videla, Luis Pedro, ed. lit. II. Título
> CDD 920

Queda rigurosamente prohibida, sin la autorización escrita de los titulares del copyright, bajo las sanciones establecidas por las leyes, la reproducción total o parcial de esta obra por cualquier medio o procedimiento, comprendidos la fotocopia y el tratamiento informático.

© 2009, Mary D. Vélez
© 2010, Deauno.com (de Elaleph.com S.R.L.)
© 2010, Luis Videla, edición literaria

Para comunicarse con la autora: Rivera_Mary@bellsouth.net

contacto@elaleph.com
http://www.elaleph.com

Primera edición

ISBN 978-987-1581-64-1

Hecho el depósito que marca la Ley 11.723

Impreso en el mes de mayo de 2010 en
Docuprint S.A.,
Buenos Aires, Argentina.

MARY D. VÉLEZ

EN LAS MANOS DEL MAESTRO

deauno.com

Dedicatoria

Le quiero dedicar este libro primeramente a mi amado Salvador Jesús y también a mis hijos José, Christian y Jessenia: ustedes son esas maravillosas personas que Dios utilizó para que yo me levantara.
A mi hermana Edith Sánchez, que siempre ha estado ahí con su apoyo y amor.
A papi que ha sido mi paño de lágrimas. I love you papi.
Al que fue mi Pastor José Renato Ramos, Iglesia de Dios, M.B. "Casa de Refugio", porque cuando muchos no creían en mí, "tú nunca dudaste". Gracias por dejarte usar por Dios, eres especial, Pastor.
Gracias a Carmen Peguero, porque despertaste este llamado en mí. Algún día nos veremos en el cielo.

A todos mis hermanos y amigos, los quiero mucho.

Contenido

Dedicatoria 5

Prefacio 9

Resumen 11

Capítulo 1 13
   Todo tiene un comienzo

Capítulo 2 33
   Otra vez abandonada

Capítulo 3 45
   Un nuevo nacimiento el Señor
   sigue enviando gente

Capítulo 4 63
   Casa sobre la roca

Capítulo 5 81
   Mujer, cuidado con los lobos

Capítulo 6 89
   Mujer, "Tú sí puedes"

Capítulo 7..99
   Todo tiene su tiempo (La mies es mucha
   y los obreros son pocos)

Capítulo 8..113
   Un lenguaje nuevo

Capítulo 9..119
   No te adelantes (Aprende a esperar en Él)

Capítulo 10..129
   Dios quiere lo mejor para ti

Prefacio

Este libro para mí tiene un gran significado y un gran valor, porque en él expreso mi testimonio. Un testimonio con el cual tal vez haya quien se pueda identificar. Un testimonio de impacto y que nos llevará al entendimiento de que mientras vivamos tenemos esperanza. Que en esta vida hay un camino que conduce al cielo y que todo ser humano debe de anhelar tomar esa ruta para que su propósito se cumpla aquí en la tierra.

En este libro expreso mi vida de un antes y un después en Cristo, cómo llegó Jesús a mi vida cuando más lo necesitaba o anhelaba. Cuando la vida se me hizo oscura y quedé envuelta en tinieblas, ahí entró Jesús. Me rescató de las ráfagas de viento de una horrible tormenta que amenazaba con terminar con mi vida por completo.

En este libro expreso cómo puedes poner tu confianza en Jesús. Entender que te ama, que te creó con un plan en mente y que no fuiste un error. Dios te puso en este mundo terrenal por una razón. Atrévete a navegar conmigo y te prometo que al final de este libro, Dios te dará la respuesta a todas tus preguntas que has estado buscando, te revelará todos los misterios que tanto te desconciertan, y te dará consuelo para tus penas y dolores. Él esta anhelando compartir-

los contigo. No estás solo. Dios está contigo. Tampoco eres el primero ni el último que ha pasado por momentos de dolor. Pero en el momento de ese dolor nace Dios, si puedes escucharlo, rendirte, entregarte, reconocerle, y aceptarle como tu salvador y Señor.

El enemigo sólo está tratando de destruir, porque para eso fue que vino. Y él tiene un plan de ataque a tu mente. Es allí donde deposita toda duda, toda preocupación, es allí donde el enemigo comienza a con la destrucción, provocándonos a una autodestrucción. Y cuando obtiene lo que quería, se levanta y desparece burlándose de ti. Mi pregunta es: ¿estás viviendo para el mundo o estás viviendo para Dios? Tienes que escoger. Para que todo te vaya bien tienes que decidirte por Dios. Abandonar el mundo y depositar tu corazón en las manos de Dios, para que te dirija en todo.

Así que no desmayes, no te rindas, mientras hay vida hay esperanza.

Mujer, tú sí puedes…

Resumen

Este es un libro que te hará entender que no estás sola, que Dios está contigo y tiene un propósito para tu vida. Quizás sientas que el mundo se te ha venido encima y estás aplastada y atrapada, que eres extraña o que no perteneces a este mundo. Con este libro entenderás que Dios nace en tu oscuridad, en el momento más duro de tu vida… ahí esta Jesús para tenderte una mano.

Con este libro entenderás que Dios quiere tener una relación contigo, que no fuiste un error, que el creador te creó con un plan en su mente.

Mi testimonio es para ayudar a todas esas mujeres que están pasando por pruebas difíciles como el desprecio, el divorcio, el abandono y finalmente para todas aquellas que están solas, angustiadas y sin fuerzas.

Cuando yo me levanté y fui libre de todo lo que me tenía atada, una de las cosas que le pedí a mi Dios fue que me ayude a levantar a otras personas y hoy se me cumple ese deseo, aunque la labor continua de levantar y ayudar no termine aquí.

Sé que este libro cambiará tu vida y tu forma de pensar. Sé que será una gran bendición para ti.

Capítulo 1

Todo tiene un comienzo

Mi nombre es Mary De Lourdes Vélez. Nací en la hermosa Isla de Santa Cruz, Islas Vírgenes, un día 8 de octubre de 1964. Mis padres, Corporina Vélez-Cruz y Roberto Vélez-Gavino, residentes de la isla de Vieques, Puerto Rico, decidieron unir sus vidas en matrimonio. Luego de eso, salieron de Puerto Rico y fue así como llegaron a la hermosa Isla de Santa Cruz, mejor conocida como Las Islas Vírgenes de los Estados Unidos de América. La bella isla que me vio nacer, la bella isla que nunca olvido.

Allí comenzaron a formar nuestro núcleo familiar, que estaba constituido por cuatro mujeres y tres varones. Los tres varones ya fallecieron.

Recuerdo que de pequeña, desde muy temprano, nos levantábamos e íbamos caminando a los montes a pastorear vacas. Sí, yo era una joven pastora de vacas. Así aprendí muchas cosas de campo. Cómo saber, por ejemplo, que el llamado barrunto era un estado de tiempo nublado y lloviznando. Este estado de tiempo causaba que los animales y en especial las vacas, se pusieran incontrolables y comenzaran a correr desenfrenados. Nosotros, que éramos muy chicos, teníamos que escapar y tener mucho cuidado, pues cuando el pasto estaba alto, no se veía nada y sólo se podían oír los apresurados pasos en el campo con el riesgo de que en cualquier momento se apareciera un animal desenfrenado pudiendo hasta hacernos daño.

Así crecimos: en medio del campo y de las hermosas playas, ya que papi también era pescador. En las cercanías del mar aprendí a saber qué hora era sin mirar el reloj. Cuando estábamos con papi en el barco pescando, recuerdo que él miraba al cielo, miraba hacia la localidad del sol y ahí decía: "Son las dos: déjenme comenzar a entrar al puerto". Me crié así, entre playas y campos. Una vida sana.

En el año 1983, me gradué de la escuela Central High School en la Isla de Santa Cruz, y recuerdo que mis viejos estaban contentos porque pudieron presenciar la graduación de uno de sus cinco hijos. Mi padre, muy orgulloso, organizó una gran fiesta en mi honor. Hasta los senadores de la isla fueron invitados. Mi papá bailaba de gozo. Todos estaban contentos. Mami, como siempre, estaba escondida en la cocina. Ella nunca fue una mujer sociable, fue siempre una campesina muy humilde y sencilla. A mi madre le encantaban las películas de Kunta Quinte —"Raíces"—, y por ese estilo de cine me di cuenta de que ella tenía un corazón grande. Ella lloraba con cada capítulo pues era una serie de películas que relataban hechos históricos reales y antiguos. Mi madre las veía y lloraba frente al televisor por el maltrato que se les daba a los esclavos.

Ella fue para mí una madre muy especial, buena y consentidora. Siempre anduvimos juntas; donde estaba mami, allí cerca de ella estaba yo.

Un recuerdo que tengo es de un día que hice algo muy malo, papi me castigó y le dijo a ella: "Llévala al cuarto y dale diez azotes". En esos tiempos los azotes eran azotes en serio, que te dolían un mes entero. Ella me llevó al cuarto y gritaba: "Ay, lo que voy a hacer contigo". Y yo lloraba: "¡Mamá! ¡*Please*, no me pegues!". Como mamá me quería mucho, se inclinó y me dijo al oído: "Grita mientras yo le pego a la almohada, pero grita duro como si te doliera de verdad".

Mi papá gritaba desde afuera del cuarto: "Así mismo, dale duro para que aprenda".

Mamá era muy especial, una mujer con un corazón muy grande y lleno de amor. Mami pasó a estar con el Señor el cuatro de abril de 1989. Siempre la llevo en mis pensamientos y en mi corazón ya que fuimos muy unidas.

Propósito del libro

Este libro lo he comenzado para que a través del mismo las mujeres —y por qué no también hombres— puedan entender que no están solos, que el creador de este mundo y de todas las cosas que hay en él, tiene nuestras vidas en sus manos, y que nuestro Señor, que es tan bueno y real en su infinita misericordia, nos está esperando pacientemente. Recuerda: Dios es el dador de la vida pero nosotros tenemos el libre albedrío (el derecho de escoger).

Él dice: "Yo soy el camino, la verdad, y la vida y nadie viene al padre sino es por mí (Juan 14:6.)".

Recuerdo que desde chica mis padres nos mandaban a la Iglesia del Nazareno, con el Pastor Quildo, y Veni, su esposa. Este Pastor fue mi primer Pastor. Yo tendría unos seis años en ese entonces. Este Pastor era bueno con todos: con los niños, los jóvenes, los adultos y los ancianos. Todos los niños siempre estaban a su lado porque era un pastor especial para todos nosotros.

Nunca olvidaré una competencia de manzanas rojas en una palangana de aluminio. A mí me encantaba este juego ya que era tremenda con mis dientes y podía aguantar la respiración por largo tiempo tratando de agarrar la manzana con ellos. Aprendimos mucho con el Pastor Quildo, y su familia: Jungui, su hijo, que tocaba la batería y Marisol. Siempre tuve una educación cristiana gracias a que mis padres así nos lo impusieron. Aunque ellos no eran cristianos, nunca se opusieron a que nos vinieran a buscar.

A la edad de quince años había entregado mi vida a Cristo. Esto fue alrededor del año 1981 (por favor no se pongan a contar), pero cuando entregué mi vida a Cristo lo hice sin entender lo que yo estaba haciendo.

Mi papá un día nos llamó a todos al altar de una iglesia y allí todos entregamos nuestras vidas a Dios. Sí: dije yo sin entender, porque verdaderamente lo hice sin saber, sólo porque en ese momento los amigos que me rodeaban eran los jóvenes cristianos. Gracias a Dios por ellos. Y el único momento de poder vestir bien y salir era a la iglesia y yo aprovechaba para enseñar toda la belleza en mis vestidos y encantos, pues era una joven buscando ambiente de alegría y esa era la única forma de hacerlo. Y fue así, sin darme cuenta, que comencé a amar la Iglesia de Dios. Pero aún no había tenido un encuentro con Dios. Era supuestamente una pentecostal de la cabeza a los pies. Sí, porque yo seguí las costumbres de la Iglesia: por ejemplo el no llenarse de cosméticos, no vestir minifalda, no usar aretes, nada de peinados ostentosos, sino humilde y sencilla. Eso fue lo que me enseñaron. Era ser Cristiano de apariencia, nada más, porque por dentro estaba vacía. Digo vacía porque era como un uniforme para muchos, pero por dentro estabas deseando ser como las chicas normales del mundo. A veces parecía una monja.

Primer diálogo con Dios

Un día, después de haberme graduado, recuerdo que me encontraba en mi cuarto un poco aburrida y desesperada pues verdaderamente no podía creer que esto era todo. "¿Y ahora qué hago? Mis compañeras de estudios ya no están". Dentro de mí sentía que extrañaba tanto la escuela y mis amistades. Mis hermanas grandes se habían casado o escapado de la casa. Ese día en que estaba en mi cuarto, eran como las ocho de la noche y comencé a mirar por la ventana hacia arriba y empecé a hablarle a Dios porque sentí que se hacía presente, que me estaba escuchando y también acompañando.

Señor, ¿es acaso esto todo? ¿Graduarse de la escuela y quedarse en casa, o quizás casarse y tener hijos? Yo quiero estudiar, quiero salir de Santa Cruz hacia un lugar donde pueda emprender mis sueños de no ser solamente una ama de casa. Mis hermanas mayores ya se habían casado y eran amas de casa y madres. Mi sueño era poder lograr ir más allá, ser algo más. Quería depender de mí misma, quería superarme en esta vida y así se lo pedí a Nuestro Señor: "Ayúdame porque tengo miedo" —le dije—. Tenía miedo porque experimenté la fuga de mis hermanas mayores. Por la desesperación, se escaparon de la casa a una edad muy joven y, sin ellas, quedó en la casa un gran vacío. Yo no quería esa clase de salida. Yo lo quería hacer bien.

Al siguiente día de yo haber orado a Dios, mi oración estaba siendo contestada. Así es el Señor: "Pedid, y se os dará. Buscad y hallaréis. Llamad y se os Abrirá". Yo por mi parte pedí en ese día y él respondió a mi pedido. Y comprendí algo: cuando pides a Dios, Él inmediatamente responde. A veces no nos damos cuenta, pero ese pedido tomó acción como respuesta al otro día. Cuando con mi hermana me dirigía al pueblo para hacer algunos pagos, se nos cruzó delante una maestra de la *high school*, Mrs. Camacho, que me reconoció y me informó de la Universidad en Miami, en la que estaban reclutando estudiantes de la isla. Yo le dije: "Qué bueno, Mrs. Camacho, todo suena bonito pero tendrás que convencer a mis viejos porque ahí es donde está el gran problema" (*para Dios no existen barreras ni problemas*). Dios contestó mi oración al otro día temprano en la mañana. Él ya había aviado y puesto todo en perfecto orden para que yo saliera de la isla como se lo pedí.

En 1983 fue cuando salí de Santa Cruz. Recuerdo aquel avión, recuerdo muy claramente la ropa que llevaba puesta, recuerdo la tristeza de dejar a mi familia, en especial a mi madre, que éramos tan apegadas. Se quedó así, mirando de lejos, mientras el carro se marchaba camino al aeropuerto.

Llegué a Miami, Florida. Recuerdo que todo comenzaba a cambiar, aquí no se vivía como allá. Aquí se tenía que vestir bien, con minifaldas, con pantalones mahones (jeans) ceñidos y cosas por el estilo. Yo me sentía como una Jíbara en la ciudad.

Recuerdo que yo me decía: "Éstos a mí no me cambiarán", pero qué equivocada estaba. Cuando me di cuenta que nadie me quería así como yo era, humilde y sencilla, comencé a vestir y a actuar como el mundo me lo exigía. Para ser aceptada tenía que provocar un cambio por fuera. Cuando comencé a usar los pantalones jeans, las faldas mini, los cabellos lacios, y pintura por donde quiera, ahí fue cuando comencé a tener amigos. Desdichadamente, hay muchos jóvenes que pasan a diario por estas situaciones de tener que aparentar para ser aceptados.

Simplemente me enamoré

En Miami, comencé el colegio y allí, por cosas del destino, después de un año me reencontré con el que sería el padre de mis tres hijos. Habíamos estudiado en la misma *high school* en Santa Cruz, pero yo me gradué un año antes y salí para Miami. Nos encontramos en el Florida Memorial University. Allí comenzamos a hablar hasta que creció un romance, algo lindo y hermoso. Pero él, desde el comienzo, me demostró que era muy débil para con el sexo opuesto. Él era un picaflor. Él era un lobo. Pero como toda muchachita, yo pensé que lo podría cambiar. Comenzamos a salir. Yo estaba enamorada de él y de este romance nació mi primer hijo, José.

Comenzamos viviendo sin casarnos, de manera muy dura y difícil, en un apartamento en un área que se la conoce como La Pequeña Habana. Estos primeros momentos fueron sufridos, ya que estando yo embarazada no tenía a nadie, ni amigas, ni hermanas, ni Mami, ni Papi. Mami y Papi se enteraron de que yo estaba embarazada a los ocho meses. Éstas son las cosas que hacen los jóvenes cuando echan su familia hacia un lado y ponen su confianza en un hombre o en las amistades. Cuando pierden el enfoque. Es muy mala decisión querer esconder la realidad. No conduce a nada. Solamente causa divisiones y problemas.

De ahí en adelante, seguimos luchando. Nos mudamos al famoso Miami Beach, Florida. Allí nació José, en Miami Beach. José era mi bebé querido. Nació pequeño con la famosa bilirrubina que frecuentan muchos niños porque nacen prematuros. José se me adelantó a los ocho meses, se me rompió la bolsa de líquido amniótico y comenzamos a correr.

José no pudo salir del hospital por la bilirrubina, estuvo dos semanas internado con una luz que lo ayudaba a mejorar su condición. Yo sentí que cuando aquella pequeña cosita salió de mi vientre, era un pedazo de mí y no podía estar sin él. Me quedaba en el hospital con él, esperando todas las horas posibles para poder aguantarlo y sentirlo. No quería salir de allí.

José es muy especial para mí, fue mi primogénito, el hijo separado por Dios. José es especial también para Dios porque desde pequeño Dios se le revelaba en visiones bíblicas que yo no podía entender en aquel entonces, pues aún no servía a Dios. Dios tiene un plan con José y le pido a Dios que mis ojos no se apaguen hasta verlos realizados en él.

En Miami Beach comencé a trabajar en los hoteles de la playa y así pudimos superarnos un poco. Yo le doy gracias a Dios por Nati y Ramón, que fueron los que Dios utilizó para que nosotros pasáramos al otro lado del puente... Y así comenzaron nuestras vidas: sólo trabajar y luchar para sacar adelante la familia.

Después de unos años, comencé a trabajar en *Miami Dade Corrections*, para las cárceles, como secretaria y aquí sigo hasta ahora. Este trabajo sé que fue un regalo de Dios, porque se convirtió en el sustento de un hogar de una madre soltera por muchos años. ¡A Dios gracias!

Comienza el dolor

Yo adoraba a mi esposo, aún sabiendo que había cosas que no tenían sentido, y nunca preguntaba nada. Un día se me apareció una muchachita en mi apartamento con un cuento de gata perdida. Me dijo que había venido a visitar a su tía que vivía en los apartamentos y que no se encontraba en la casa. Me preguntó si le podía regalar un vaso de agua, el cual le di rápidamente, pero me pareció extraño que la muchacha mirara alrededor de mi sala los retratos de nosotros. Después me enteré de que era una querida de mi esposo, que ya hacía tiempo que estaban saliendo y que mi suegra la conocía muy bien pues se encontraban en su casa. ¡Qué suegra!

Los años pasaron y de Miami Beach nos mudamos otras dos veces más hasta que finalmente compramos un Condominio en Kendall. Nos comenzamos a superar poco a poco y cuando todo parecía ir viento en popa, como dicen por ahí, fue cuando comenzó el primer problema: mi esposo se enamora de mi mejor amiga de aquellos tiempos. Una amiga que conocía él desde su trabajo y que se convirtió después en una amiga de la familia. Luego de varios años de amistad, comencé a ver que había algo más que amistad entre ellos. Ella se pasaba en mi casa todos los fines de semana y así también nosotros nos turnábamos en la suya. Un día comencé a notar miradas y movimientos muy sexys de parte de mi amiga que no eran normales. Un día noté que ella me hacía preguntas bastante íntimas. *(Mujer ten cuidado a quien le cuentas tus cosas).*

También noté que él comenzaba a atrasarse mucho con la excusa de que el trabajo le demandaba más tiempo. Yo pues pensaba que podía ser verdad porque él ya había ascendido, de ser simplemente un empleado de almacén —*stock clerk*— a un hombre de oficinas. Y también porque siempre confié en él pues eso es lo que el matrimonio nos exige. Y yo pienso que no debería de haber desconfianza en la pareja, sino para eso mejor estar solo. El matrimonio es un pacto que se hace para convivir con una persona para toda una vida, pero es más importante saber que lo normal de un matrimonio es tener confianza en el otro para que todo marche bien. Esto comenzó a cambiar en mi casa.

Un día, mientras manejaba para la casa y sin ninguna clase de malicia en mi cabeza, me encontré con mi esposo en el peaje de la autopista —*turnpike*— de Miami. *(Miami tan grande se hace pequeño.)* Noté a mi esposo saliéndose en la calle cuarenta del South West cuando todavía aún le faltaba una salida para la casa. No pensé mucho en eso y decidí no prestarle mucha atención. Seguramente había tenido alguna emergencia y tenía que salir en la cuarenta. Pero mi preocupación comenzó cuando me di cuenta de que me lo encontraba frecuentemente saliendo por la salida que no le correspondía. Como dicen en buen inglés: *"Wake up and smell the coffee..."*. Esto estaba pasando muy frecuentemente y entonces yo comencé a sospechar. Ésta era la salida de la casa de nuestra supuesta amiga. Para salir de sospechas decidí, un día, en vez de ir hasta la salida de Kendall, salirme en la calle cuarenta también.

Para mi sorpresa él estaba allí. Recuerdo que los confronté y ella me decía: "No es lo que tú piensas". Él estaba asustado: "¿Qué estás haciendo aquí? ¡Regrésate para la casa!". Y eso hice: regresé a la casa, empaqué todas las cosas y me marché porque desde ese momento él había cambiado conmigo. Ella después me dijo que la perdonara, que simplemente se había enamorado de mi esposo.

Luego me puse a pensar y me preguntaba a mí misma: "¿Por qué me fui yo y no se fue él?" Hay decisiones que las personas toman en un momento de ira o de rencor y que resultan ser malas decisiones porque luego afectan la estabilidad. Presa de un arranque de cólera se puede manejar erráticamente como yo lo hice por el enojo y casi pierdo la vida. No me importaba nada, para mí el mundo se había terminado, nada valía la pena. Había sido engañada.

Bajo los efectos del enojo hacemos cosas que después lamentamos. Pero en el momento de la desesperación uno busca correr y esconderse. Hay que tener un plan, no puedes levantarte y correr. Tienes que enfrentarlo, no huir. Cuando tú amas a alguien, a ti no te pasa nada material ni financiero por la cabeza. Solamente quieres estar sola, en un lugar donde puedas pensar y analizar el problema, y por el cual muchas veces terminas llorando y deprimida o comienzas a trazar planes de venganza. Mientras yo vivía incómodamente en una caravana —*trailer home*—, él con su mamá y la "heva" (la amante) se quedó con el condominio. Esta mujer le hizo cambiar en muchos aspectos. Las cosas que nunca hizo conmigo, con ella las hizo. Y esto me daba más rencor.

Yo decidí salirme de su vida para siempre y comencé a vivir con mi hijo en casa de la suegra. Hay un refrán popular que dice: "Cuando llueve, truena". Así me pasó a mí, pues cuando comenzó el descubrimiento de la traición todo se me vino encima como si una ola grande cayera sobre mí. Como si el día estuviera nublado, lluvioso y triste. El carro se me dañó, perdí el trabajo y me quedé en la nada. Luego de tanta lucha, todo comenzó a tornarse para bien, me llamaron del departamento de Casas y Viviendas, y me emplearon como secretaria. Comencé a ver que yo sí podía seguir adelante sola.

Pasaron cuatro largos meses de sufrimiento y dolor al ver cómo esta mujer lo controlaba y hasta lo quiso influir para que me quitaran a mi hijo. Verdaderamente hay mujeres malas. Ella, la que fue mi mejor amiga, no me quería quitar a mi hijo porque ella lo quisiera, no, ni siquiera porque yo fuera mala madre. Ella me lo quería quitar porque así no me tendría a mí en el medio y podría tener mejor control. Pero hay hombres que se ciegan y no ven estas cosas.

Tuve muchas discusiones, pero fui una madre leona con mi hijo y era capaz de cualquier cosa con tal de que no me quitaran lo más bello y puro de mi vida y lo único que me quedaba y que salió de mis entrañas. Y le demostré a los dos que era capaz de cualquier cosa con tal de defender a mi hijo.

Luego de unos cuantos meses, en los que él se cansó de estar allí, quiso volver de nuevo a restaurar lo que había perdido y así comenzó a frecuentar el trailer de mi suegra, después de seis meses. Comenzó a buscarme más, conversaba mucho conmigo, me decía que se sentía vacío sin mí, etcétera. Yo lo amaba mucho pero me había causado una gran herida en mi corazón. Ya yo me había impuesto a vivir en el *trailer home*. Mi familia me aconsejó que regresara. Todo estaba volviendo a la normalidad, pero me frecuentaban amigos malignos que no tenían sueños ni esperanzas para un futuro mejor. Las discotecas para salir y disfrutar, la música, el alcohol y las noches largas tratando de olvidar. Yo sabía que ese ambiente que me rodeaba no era bueno para mí y decidí cambiar. Salí corriendo de Sodoma que estaba empezando a ahogarme con el fin de destruirme, y salí rumbo a casa.

Todo tiene un comienzo

Recuerdo que un día estaba yo trepada en una escalera arreglando una de las ventanas del *trailer home* y él llegó silenciosamente, me pellizcó y se fue. Con eso bastó. Esa noche se fue hacia el condominio y de allí me llamó: "¡Ven!". No me lo tenía que decir dos veces, pues yo verdaderamente lo amaba mucho y le dije que deseaba que me dejara regresar a casa.

Esa noche fue linda, tanto para mí como para él. Sentí gozo de estar nuevamente en casa con mi familia. Cuando uno se reconcilia con el otro, es muy lindo y cuando te entregas a la persona amada es maravilloso. Decidimos intentarlo de nuevo. Regresé a casa con José y simulando que "aquí no ha pasado nada...". Y así continuamos por mucho tiempo. Nunca se habló del problema y, debo reconocer, mis amigas, que eso es desastroso.

Hay que hablar, hay que pedir perdón y hay que saber perdonar, porque dentro del ser humano se almacenan cosas que duelen pero que las guardamos en las gavetitas más pequeñas de nuestra conciencia. A veces creemos que hacemos un bien con guardar silencio pero realmente nos estamos haciendo un mal, pues estamos comunicando que no nos importa cuando verdaderamente sí importa ya que a estas cosas hay que arrancarlas de raíz.

Y esto es por ambas partes tanto por el que ha sido el agresor como por el que fue agredido, pues el agresor puede tomar la idea de "no le afectó lo que hice, no pasó nada", entonces puede volverlo a repetir porque piensa que el otro lo perdonará nuevamente. Y el que ha sido agredido, piensa: "tengo desconfianza y temor y si me lo hizo una vez, será capaz de hacérmelo dos veces". Por esto tiene que haber, primeramente, comunicación. Tenemos que expresar cómo nos sentimos. Tenemos que comunicar a la persona que nos dolió y cuánto y finalmente tenemos que perdonarle.

Para poder tener un comienzo nuevo tiene que haber un verdadero y auténtico perdón. Porque cuando tu perdón es auténtico, entonces no habrá sufrimientos ni dolor. Sentirás paz y cuando hables con alguien acerca de lo que fue tu problema, ya no lo harás manifestando dolor ni odio. Claro, quiero que entiendan que en este momento de mi vida yo no le servía a Dios.

La llegada de Christian

En el año 1995 decidimos ir hacia la isla de Santa Cruz. Después de todo lo que habíamos pasado, logramos llegar a sentir aceptación mutua y ya nuestros sentimientos eran de amor puro y verdadero en ese momento. Se respiraba un aire fresco, se sentía la armonía familiar y también se sentía el amor. Es que cuando comienzas a ver el cambio positivo en tu pareja, el comenzar de nuevo se te hace fácil. Pero cuando en tu matrimonio sientes que no te quieren, que abusan de ti verbalmente y que te rechazan, entonces comienzas a crear rencor.

Yo soy de las que creo y pienso que en el matrimonio se debe ser amoroso para con nuestra pareja. Debe haber halagos, flores, pellizcos y guiñadas. Llegamos a Santa Cruz, las Islas Vírgenes, y para mi sorpresa, mi esposo después de tantos años le pide permiso a mi papá para casarse conmigo. Yo estaba sorprendida porque no me lo esperaba. Y así decidimos llegarnos hasta St. Thomas, una de las tres Islas Vírgenes. Era el mes de abril y allí se celebra el famoso carnaval de St. Thomas. Allí se reúnen los portorriqueños, los viequenses de Santa Cruz, y así todas las islas se unen en este gran carnaval.

Recuerdo que tomamos el avión de acuatizaje. ¡Qué hermoso era aquello! ¡Aterrizar en el agua! ¡Guauu..! Tremendas vacaciones. Yo estaba feliz y contenta pues se casaba conmigo el hombre con el que había vivido durante diez años. ¿Qué más podía pedir? Todo parecía una luna de miel de sueños...

Recuerden una cosa: en ese momento yo no era cristiana ni tenía a Dios en mis planes.

Estando una tarde en el hotel "Radisson", en St. Thomas, me comenzó a dar un tremendo mareo. Todo el cuarto me daba vueltas y recuerdo que por poco me caigo. Nosotros estábamos buscando el segundo hijo después de la separación. Queríamos que José, que ya tenía diez años, tuviera un hermanito o hermanita.

Desgraciadamente en el mes de enero de 1995 había tenido una pérdida.

Mi corazón está con aquellas madres que están tratando de salir en estado y luego se enteran de que estaban embarazadas y que perdieron a su bebé, o que después de cargarlo en su vientre comienzan a tener complicaciones que resultan en la pérdida de un ser tan esperado y anhelado, o de aquellas que tratan y tratan de salir embarazadas y les resulta imposible.

Mujer, todo tiene su tiempo y, para aquellas que lo pierden, sé que aunque no lo pudieron ver, no lo alzaron en sus brazos, y no tuvieron contacto con él, por el solo hecho de haberlo tenido en su vientre, ya es suficiente para extrañarlo cuando ya no está. Dios lo sabe todo.

Mi esposo se dio cuenta de que lo que me había pasado no era normal. Fue un mareo de esos que sólo suceden en películas, pero con la diferencia de que éste fue de verdad. Y como estábamos tratando tanto, decidimos ir a la farmacia a buscar una de esas pruebas de embarazo antes de irnos al carnaval. Recuerdo que cuando yo me hice la prueba en el baño, él estaba esperando afuera, casi desesperado.

Para mi sorpresa el resultado fue positivo. Brincamos, nos reímos y desde aquél entonces mi esposo procuró que nada me pasara y nada me faltara. Fuimos esa noche al carnaval y no brincamos o trampeamos, como se le dice en las islas *(tramping)* pues ya no podíamos hacer desarreglos por el bebé y por el miedo a perderlo. Luego llegamos a Santa Cruz y allí el gran día de la boda.

Nos casamos y yo estaba contenta de que finalmente me estaba casando, claro que no fue la manera que yo soñaba hacerlo. Mi sueño era casarme vestida de novia y ser entregada por Papi. Fue una ceremonia en la corte en donde mi papá y hermana fueron los padrinos de la boda y luego todo el mundo para su casa.

Regresamos a Miami contentos con tantas noticias para Jay y Cari, que eran nuestros más cercanos y queridos amigos en ese entonces. Qué bonito suena todo. Pareciese que es el cuento de hadas del príncipe azul que todas soñamos cuando éramos pequeñas. Pues como dice un famoso refrán, no todo lo que brilla es oro.

A todas las que estén leyendo este libro, les diré que se tomen su tiempo, que no se adelanten y que sepan opinar por ustedes mismas, para poder anhelar y tener lo que ustedes desean. No dejen que el enemigo las confunda. El hombre que te ama te espera y te honra. El hombre que te ama te cuida.

Hay hombres que creen en ese supuesto amor de "PROBEMOS PRIMERO" y eso es una gran mentira del mismo diablo para confundir a la gente. Ellos piensan: "Probemos y después de tres o cuatro niños, si te pones gorda o cambias, ya sabes que no pasas la prueba y te cambiamos por otra. Pues no hay nada que nos ate".

La mujer que se ajusta a esta clase de relaciones piensa que ella puede cambiarlo todo y que él, con el tiempo, se acostumbrará a ella y le pedirá matrimonio sin duda alguna. Eso es una gran mentira. Tu tiempo es corto en esta tierra, tus hijos no pueden crecer bajo esa mentira, porque les genera confusión, ya que al vernos, suelen pensar: "Si mami soportó y aceptó, pues yo también puedo".

Porque nosotros los padres somos los que provocamos la conducta de nuestros hijos cuando vivimos en una mentira. Esa no es la forma correcta, no podemos seguir creyendo desesperadamente, porque desesperadamente escogerás a Mr. Cualquiera, y Mr. Cualquiera puede venir con muchas sorpresitas. En el noviazgo, se comporta muy gentil con tus padres pero cuando te tiene en su carro, te das cuenta de que todas las promesas que les hizo a tus padres fueron mentiras. "Sí, señor, no se preocupe, yo se la voy a cuidar muy bien". Y te lleva por un callejón donde te quiere quizás amasar y te comienza a decir que nadie se va a enterar si tú no lo dices, pero al otro día toda su familia te mira y te comunican con risa que ya todos están enterados.

Esto es lo que te espera si no aprendes a valorarte a ti misma y entiendes que Dios no te creó para que seas la masa en la mesa lista para amasar. Dios te creó con un plan lindo en mente y tiene un buen hombre preparado para ti. A veces lleva tiempo, pero Dios tiene que prepararnos, alistarnos y moldearnos, antes de unirnos a la pareja ideal dispuesta por Él, para que estemos listas para amar, cuidar, proteger y respetar la prenda preciosa que Dios entrega en nuestras manos.

Capítulo 2

Otra vez abandonada

Comenzamos a prepararnos para el bebé que venía en camino. Ya había ido al doctor y se había confirmado el embarazo. Todo iba viento en popa y a toda vela. El embarazo fue muy hermoso y plácido. No me sentía mal de la barriga ni me dolía nada. Estaba solamente esperando ansiosa el bebé que ya quería tener en mis brazos. Para mi sorpresa, mi esposo y José me ayudaron mucho. Ellos estaban tan deseosos como yo de que nuestro hijo llegara ya. Christian llegó el 12 de diciembre de 1995. Nos trajo mucha alegría a nuestras vidas y nos unió aún más. Era rubio, gordito y muy bien conocido por comer galletas, por sus mofletes. Mi esposo estaba haciendo guardia con el niño y mientras yo dormía, él lo mantenía a su cuidado. Yo me sentí respaldada por todas partes. Se respiraba un ambiente de alegría y armonía familiar.

Pero esa alegría comenzó a cambiar cuando, repentinamente, mi esposo comenzó a salir mucho con sus amigos. Así llegó nuestra relación a sufrir el abandono otra vez. Comenzó a salir con amigos y llegaba a altas horas de la madrugada mientras yo permanecía callada. Recuerdo que en las horas de la noche no podía dormir, buscaba por las ventanas para ver si su carro llegaba. Yo sabía que estaba mal lo que él estaba haciendo (o sea, aceptando esa situación sin confrontación) pero miraba por las ventanas a ver si llegaba. Una vez que lo veía, me alegraba y me hacía la dormida. "Ya no importa nada, pues está en casa" —me decía. (*Otra gavetita almacenada en el psiquis*).

Y así continuaron los problemas. Vendimos el condominio y compramos una casa cerca de Country Walk. Pero antes de llegar a la casa, comencé a experimentar dentro de mí un peso de duda, como que algo me decía que tuviera mucho cuidado, que mi marido no estaba por el buen camino y no estaba dando los pasos correctos.

La casa a la que nos mudamos era fabulosa y con un gran terreno, pero desde que entramos en ella, había una cierta distancia entre mi esposo y yo. Me sentía alejada de él, sentía que no estaba casada, sentía que también él estaba lejos de mí y que ya no me quería ni me deseaba. Él era como un extraño para mí. Casi no pasábamos tiempo juntos, ya que siempre tenía que salir con los amigos. Esto comenzó a afectarme. Al principio pensaba: "Bueno, tal vez es que tenemos mucho trabajo en la casa... ya todo pasará". Pero yo misma me daba cuenta de que no lo buscaba ni me atraía ya. Dentro de mi ser se activaba una alarma que me decía: "Ten mucho cuidado". Yo comencé a pensar que algo andaba mal, no sabía bien qué era, pero siempre supe que algo no marchaba bien.

Quizás a veces, cuando alguien tiene por costumbre hacerte daño, las situaciones y vivencias se comienzan a juntar y se hace una gran montaña que encierra todos los problemas que la pareja experimentó y que nunca pudieron ser arreglados porque nunca hubo comunicación y nunca hubo perdón. La razón por la cual yo comencé a rechazarlo fue porque sentí que ya no tenía la atención que necesitaba como mujer. No me sentía amada por mi esposo y comencé a sentir odio hacia él. Lo comencé a ver como un extraño que se creía que valía más que yo. Se puso arrogante, presumido y creía que se lo merecía todo. Y en algunas ocasiones me lo expresaba en palabras.

Recuerdo que muchas veces, tratando de remediar el problema, me daba cuenta de que tenía que buscar cómo unirnos más y por eso hacía planes para los fines de semana largos: irnos a la playa, a Marco Island o a Naples a ver nuestro terreno y luego de eso, pasar por la playa y hacer una comida en la parrilla. Cuando le comentaba el lunes acerca de lo que había pensado, le decía: "¿Qué te parece si este fin de semana nos vamos fuera?". Le comentaba los planes y él en ese entonces decía: "Está bien". Toda la semana me la pasaba preparando la comida, los picaditos y los trajes de baño. Llegaba el viernes y yo le decía:

—Recuerda que salimos mañana, ya todo está listo.

Él me miraba confundido y contestaba:

—¿Mañana? ¿Y para dónde vamos?

—¿Cómo que para dónde vamos? Yo te dije que íbamos a salir. Tú no me puedes hacer esto. Todo está comprado y listo —le recriminaba.

—Tu no me dijiste nada y yo no puedo ir porque tengo una reunión de negocios muy importante y no puedo faltar —se excusaba. Y ahí terminaban todos mis planes. La famosísima "reunión de negocios" siempre ganaba.

Estas fueron las cosas que sepultaron mi matrimonio. Ya no lo respetaba. No sentía su amor por mí. Y yo, poco a poco me daba cuenta de que afuera había alguien que le ocupaba mejor el tiempo.

Me sentía frustrada, como si toda la carga del matrimonio estuviera sobre mis hombros. Todo lo hacía yo y él nunca estaba para ayudar. A veces le preguntaba si era que había otra mujer en su vida y él me decía: "¡Estás loca! ¿Otra mujer?". Y hasta me miraba a los ojos y me lo decía frescamente.

Recuerdo que un día llegó a contarme que le estaban ofreciendo una oportunidad de superarse. Un amigo que yo no conocía muy bien le comenzó a llenar la cabeza para que él hiciera dinero fácil. Hacía varios meses que él estaba saliendo con este amigo.

Platicamos acerca de esta decisión. Él me planteó cómo era la situación y yo, luego de haber pensado bien las cosas, le dije: "¿Sabes qué? Tienes un buen trabajo y yo también y aunque a veces enfrentemos momentos difíciles, gracias a Dios estamos bien". Yo sentía que había algo negativo de todo este negocio y la nueva amistad. Decidimos que aunque estuviéramos apretados financieramente, no nos meteríamos en eso. Para mi sorpresa, la persona que lo estaba llevando a tomar la decisión, le comenzó a llenar la mente a mi esposo. Le decía cosas como que él merecía estar económicamente bien para vivir de tal o cual forma. Y él comenzó a escucharlo. Yo le puse por nombre Satanás a esta persona que comenzó diciéndole: *¿Con que ese es el carro que manejas?* —que en aquel entonces era un Sable—. Esa noche vino contándome que el nuevo amigo le dijo que podía conseguir que él tuviera la camioneta del año. *(Esto me recuerda el pasaje de la Biblia donde Satanás trata de tentar a Jesús)*. Él estaba entusiasmado, por eso me lo contó todo con el propósito de convencerme. Yo le dije:

—Recuerda que aunque estemos pasando momentos difíciles, no nos podemos quejar porque hasta ahora no nos ha faltado nada. Además ya habíamos hablado de esto y habíamos tomamos una decisión.

Pero él no me escuchó, se fue por detrás de mis espaldas y se hizo socio del malvado hombre. Cayó en la trampa del diablo. Yo, que de antemano estaba sintiendo rechazo, comprobé que con esto las cosas se pusieron color de hormigas. Cuando te asocias con Satanás sólo te esperan momentos oscuros.

Luego de esto, comenzaron los cambios en mi casa. Él tenía mucho dinero y hacía grandes compras. Fue entonces cuando le pregunté:

—Oye, ¿y cómo fue que conseguiste estas cosas?

Y él me dijo muy suave y sutilmente:

—¿Ah, no te dije? Yo ahora soy socio del diablo —(por no mencionar su nombre verdadero).

En ese momento me sentí muy mal porque no hay nada más triste que tu compañero te falle, que tome decisiones con alguien de afuera y que se deje influenciar por lo que digan los demás. Es doloroso que valga más la palabra de un desconocido que la de tu compañera.

Ahora él estaba viviendo la vida loca. Ya mi marido, el hombre que yo conocí, no existía. Estaba durmiendo con un hombre extraño.

Mi Niña Bonita

Al poco tiempo, salí embarazada de Jessenia, mi niña bonita. Y las demás cosas no mejoraron sino que se agravaron. Yo quería una niña y Dios lo sabía. Yo solía pensar como la mujer necia: "Éste, ahora, con tres muchachos no se atreverá ni siquiera a mirar para otro lado. Lo pensará dos o tres veces antes de dejarnos". Qué equivocada estaba. Era en ese momento cuando más cerca estaba él de abandonarnos. Mi hija ya había nacido y durante los nueve meses de embarazo, incluido el parto, él nunca estuvo cerca de mí. Allí, en el día del parto, quien estaba ahí era un hombre que para mí era un extraño. Yo ya no sentía nada por él a causa de todo lo que estaba pasando. Cuando los fuertes dolores me atacaban, yo anhelaba que el hombre que yo amaba apareciera, pero el que estuvo allí era el bandolero. Yo odiaba a ese bandolero que estaba a mi lado porque sentía como si él me hubiera robado al ser que me amaba y al cual yo necesitaba en ese momento. Mi esposo se transformó en otra persona completamente diferente. No tenía corazón. Se vestía diferente porque el diablito lo llevo a vestir como él lo quería. Parecían hermanos gemelos. Recuerdo que yo le decía: "¡Cómo has cambiado, casi pareces gemelo con ese hombre!". Hasta la forma de hablar le cambió. Ahora hablaba como ese hombre también. Cuando lo confrontaba, le decía: "Oye, estás cambiando, por favor no me hables como ese hombre".

Estos momentos de mi vida fueron oscuros y muy dolorosos. Mi hija nació el 21 de abril de 1998 y el jueves 11 de marzo de 1999, mi esposo tomó la decisión de abandonar el hogar. Se fue con una muchacha, hermana de su amigo el diablo. Lo hizo también porque el diablo me desaprobó como su esposa. El diablo empezó diciéndole: "Tienes que cambiar el carro" y terminó cambiándole también la esposa.

Y qué momentos de angustia tuve que pasar al saber que estaba sola con tres niños. Pero he aprendido que es en los momentos de angustia de la vida cuando Dios te nace. Digo "Dios te nace", porque en el momento de la crisis o el dolor, en el momento en que las cosas se comienzan a tornar en algo desagradable para ti y no tienes control de nada, es cuando te acuerdas de Dios.

Gracias a Dios por mi cuñado Alberto Sánchez, de la isla de Santa Cruz y su esposa, mi hermana, los cuales día y noche estuvieron dándome consuelo y palabra de aliento. Gracias a Dios por Carmen Peguero, que fue la que venía desde Hialeah hasta Perrine a ayudarme y darme su palabra.

Recuerdo cuando Carmen se sentaba con la Biblia y decía:

—Vamos a leer la palabra de Dios.

—Yo verdaderamente no quiero leer La Biblia —le decía yo y ella, pacientemente, me escuchaba, y yo le decía siempre lo mismo: —Yo sólo quiero que te sientes ahí y escuches lo que tengo que decir.

(Confieso que ahora me doy cuenta de que estuve mucho tiempo diciendo lo mismo).

"Porque ese hombre es un mentiroso, estúpido, animal, sucio y de ahí en adelante, todos los rangos que le quería poner". Yo misma recitaba la canción de Roció Jurado, *Ese hombre que tú ves ahí* y yo le ponía los nombres como yo quería. Los nombres de la canción de Rocío no me parecían suficientes.

Otra vez abandonada

Carmen me escuchaba pacientemente. A mí me gustaba tomarme mi bebida alcohólica, y si era acompañada de un cigarro, ni hablar. El cigarrillo me daba consuelo y el alcohol me anestesiaba. Ésta es la gran mentira que el diablo te pone en la mente. Durante largas horas, en el balcón de mi casa, me quedaba mirando la oscuridad de la noche. A veces lloraba por la soledad que me rodeaba. Me ponía a llamar a gente conocida por teléfono para poder hablar con alguien, pero a nadie le importaba. Al poco tiempo, ni las llamadas me contestaban. Mientras estuve en buena posición, con buen dinero y con la capacidad de invitar gente a fiestas, todos mis supuestos amigos me correspondían. El día que me abandonó mi esposo, todos mis amigos también me abandonaron. La verdad es que yo nunca tuve un verdadero amigo o amiga, todos estaban por lo que le podíamos brindar: bebida y comida a costilla de los Rivera.

Me di cuenta entonces de que estaba sola, que los supuestos amigos y hasta familiares —porque los miembros de la familia por parte de él me prometían estar conmigo siempre—, no estaban cuando los necesitaba. Era todo una gran mentira. Ellos también se alejaron de mí poco a poco, hasta que comenzaron a vivir una vida nueva. Para ellos Mary quedó enterrada y olvidada y la nueva mujer de mi esposo era la que importaba ahora.

Cómo me dolían las continuas traiciones de aquellos días, en los cuales me llegaban noticias de que él con toda su familia estuvieron juntos celebrando un nuevo comienzo.

Recuerdo que un Día de la Madre fui a la casa de los parientes de quien había sido mi esposo a llevarles regalos y a llevarles a mis hijos para que compartieran con ellos. Y qué mal hice. Qué error. Me llevé un terrible chapuzón cuando me pidieron que me fuera porque la otra mujer ya estaba por llegar y yo estaba de más en esa casa.

Tenía que irme para que no hubiera un problema. Comencé a demorarme mientras me despedía de todos y ellos me decían que era mejor que me marchara rápido porque no querían problemas, que la otra mujer estaba llamando y amenazando con aparecerse para que yo me fuera. ¡Qué mal me sentí! Yo llegaba con regalos para ellos, para sorprenderlos y ellos me echaban. ¡Cómo lloré ese día! Mientras mi minivan corría en el camino hacia casa, así también corrían mis lágrimas en silencio. Los niños jugaban en el asiento de atrás y yo callada, lloraba y lloraba.

Siento un dolor muy grande cuando pienso que quizás en estos momentos, allá afuera hay mujeres que están pasando por momentos similares, en que todos las han abandonado.

Bueno es Dios que nos dice en su palabra:

Salmo 27:10 "Aunque mi padre y mi madre me dejaren con todo Jehová me recogerá."

OTRA VEZ ABANDONADA

Cuando sientes el dolor del abandono de tu pareja, de tus amigos y familiares, es cuando Dios te dice: "ellos te abandonan pero yo te recojo". Y nuestro destino está en las manos del Señor. Es así como comienza Dios a tratar conmigo personalmente. Yo sabía que Él nunca nos deja solos, nos envía obreros a nuestro alcance y así fue que llegaron de repente muchos obreros a mi vida, a empezar una obra que Dios había comenzado en mí. Por eso yo te exhorto mujer: DEJA QUE DIOS TE NAZCA.

Hay un pasaje de La Biblia que profeso en mi vida y se encuentra en:

> *Juan 20:19. "Al anochecer de aquel día, el primero de la semana, y estando las puertas cerradas en el lugar donde los discípulos se reunían por miedo a los judíos, Jesús entró, se puso en medio de ellos y les dijo: «¡Paz a vosotros!» 20 Habiendo dicho esto, les mostró las manos y el costado. Los discípulos se regocijaron cuando vieron al Señor. 21 Entonces Jesús les dijo otra vez: «¡Paz a vosotros! Como me ha enviado el Padre, así también yo os envío a vosotros.»"*

Cuando Jesús murió, parecía como que el mundo se hubiera detenido. Sus seguidores estaban turbados y sin esperanzas, sin embargo, el plan de Dios en medio de aquella situación se estaba llevando a cabo.

En las manos del Maestro

En el momento más oscuro que puedas estar pasando, recuerda que Dios está golpeando a tu puerta. Sólo tienes que abrir la puerta y Él entrará y con Él entrará también la paz, el gozo y, sobre todo, la salvación de tu vida.

Capítulo 3

Un nuevo nacimiento
el Señor sigue enviando gente

El Señor envió a mi cuñado Berto a Miami por problemas supuestamente del corazón. Berto se quedó conmigo en mi casa, aunque también viajó a Orlando para ser atendido por los médicos de allá. En Orlando, donde Berto se hospedaba, había un hombre y Berto sintió que, de parte del Señor, debía hablarle y presentarle a Cristo como su único salvador. Durante su estadía allí, él le hablaba de Jesús y le decía del plan de salvación. Pero este hombre tomó la decisión de no aceptar a Jesucristo como su único salvador. *(Todos tenemos el libre albedrío, el derecho de escoger)*. Este Señor no lo aceptó y a Berto le llegó el día de regresar para Miami, donde se encontraría a la próxima persona a la que Dios traería palabra. Esa persona era yo.

Recuerdo que Berto me molestaba porque yo fumaba, por eso no me gustaba que él me viera fumar y me escondía en el famoso balconcito de afuera. Allí estaba fumando un cigarrillo y él salió con la espada de dos filos, La Biblia, y comenzó a decirme: "Yo no sé por qué fumas ese cigarrillo cuando El Señor está quizás sentado aquí a tu lado, mirándote y diciendo: pobrecita mi hija". Yo le respondí:

—Ay, por favor, ya no empieces con eso.

Pero él así continuó hasta que me hizo sentir que Él sí podía estar sentado esperando que yo aceptara hablarle.

Yo comencé a desafiar a Berto:

-Okay, tú dices que Dios me ama y que está quizás sentado mirándome perder mi tiempo. Entonces... ¿dónde estaba él cuando mi esposo nos abandonó? ¿Por qué permitió que esto sucediera?

Y Berto me contestó:

—Yo no tengo todas las respuestas, pero si le preguntas a Él, seguramente te contestará todas esas cuestiones. Todas las cosas suceden para bien y sólo Él sabe el porqué de tu dolor.

Luego de un largo rato de conversación, le pregunté:

—¿Y cómo uno hace eso? ¿Cómo Dios me puede escuchar? ¿Cómo puedo sentirlo, que me escuche, que me consuele? Pero de verdad, no que sean palabras solamente porque estoy cansada de las palabras. Quiero sentir que está conmigo de verdad.

Y Berto me contestó:

—Sólo vete a tu cuarto y ábrele tu corazón. Empieza a hablar lo que tú quieras, que yo estoy muy seguro que Él te va a responder.

Un nuevo nacimiento

Así fue que lo hice. Me encerré en el cuarto, me arrodillé en la misma esquina de aquella cama y comencé a hablar con Dios. Y le decía: "Señor, ese hombre que está afuera es mi cuñado y te sirve. Él dice que tú me escuchas, que solamente te hable. Si verdaderamente eres real y estás aquí, por favor hazme sentirte, ya no puedo más, todos se han marchado, a mis amigas y amigos ya no les importo, ya no valgo nada para nadie. Señor, estoy sola con mis hijos. ¿Qué hago?"

Recuerdo que mi simple hablar se tornó en una súplica. Allí entró Jesús y ya no era yo, sino que todo lo que yo sentía lo sacaba fuera de mi boca.

Ese día el Señor entró en aquella habitación y tomó el control completo. El Espíritu Santo me arropó en la orilla de aquella cama y me abrazó. Yo sentí aquella presencia tan bonita y no quería que se fuera de mi lado. Rodaban lágrimas por mis mejillas, no podía contenerlas. Eran tantas las lágrimas, que me asustaron. Jamás en mi vida había llorado tanto. Mis ojos parecían una llave de agua abierta y las lágrimas se derramaban por montones. Ese lado de la cama estaba empapado por mis lágrimas y yo me asusté porque era algo sobrenatural.

Es en lo sobrenatural cuando Dios opera, pero tiene que haber un momento de humillación en tu vida para que Dios opere en lo sobrenatural. Esto era lo que yo estaba experimentando.

Mientras sigas enojada, llena de rencores y echándole la culpa a Dios, no habrá cambio en tu vida. El cambio llega cuando te humillas, cuando entiendes que tú sola no puedes y que lo necesitas para todo aquello que hagas en tu vida.

En mi vida común y corriente, nunca lo había experimentado porque como yo, todos los seres humanos tenemos que llegar a un nivel de cansancio donde la carga se hace muy pesada y es entonces cuando queremos levantar las manos y buscarle a Él solamente. Creerle a Él y servirle a Él. Sé que Dios estaba allí. ¡Yo lo amo tanto! Dios había reclamado esa alma que ahora le pertenecía y se había desatado una guerra entre el reino de las tinieblas y el reino de Dios. Y aquí comenzó a nacer algo en mí. Dios sembró algo en mi corazón aquel día. Algo nuevo nacía en mi ser cada día más y más. Recordaba este salmo:

Salmo 1-3 "Será como árbol plantado junto a corrientes de aguas, Que da su fruto en su tiempo, Y su hoja no cae; Y todo lo que hace, prosperará".

Visitaba yo con Carmen Peguero la Iglesia Bautista. Esta iglesia me quedaba aproximadamente a cuarenta y cinco minutos de camino desde mi casa.

Les quiero contar cómo el Señor, en su infinita misericordia, nos alcanza. Recuerdo haber pasado muchas noches trasnochadas esperando y me imagino a Dios mirándome con tristeza, compasión y por sobre todo, con amor. Él, conociéndome muy adentro, decidió alcanzarme con su brazo y traerme al lugar de refugio debajo de sus alas como dice el Salmo 91. Porque yo ya le pertenecía a mi Rey. Y en Él estaba segura.

"1. El que habita al abrigo del Altísimo, morará bajo la sombra del Omnipotente. 2. Diré yo á Jehová: Esperanza mía, y castillo mío; Mi Dios, en Él confiaré. 3. Y él te librará del lazo del cazador: de la peste destruidora. 4. Con sus plumas te cubrirá, Y debajo de sus alas estarás seguro: escudo y adarga es su verdad. 5. No tendrás temor de espanto nocturno, ni de saeta que vuele de día; 6. Ni de pestilencia que ande en oscuridad, ni de mortandad que en medio del día destruya. 7. Caerán á tu lado mil, y diez mil á tu diestra: Mas á ti no llegará. 8. Ciertamente con tus ojos mirarás, y verás la recompensa de los impíos. 9. Porque tú has puesto á Jehová, que es mi esperanza. Al Altísimo por tu habitación, 10. No te sobrevendrá mal, ni plaga tocará tu morada. 11. Pues que á sus ángeles mandará acerca de ti, que te guarden en todos tus caminos. 12. En las manos te llevarán, porque tu pie no tropiece en piedra. 13. Sobre el león y el basilisco pisarás; hollarás al cachorro del león y al dragón. 14. Por cuanto en mí ha puesto su voluntad, yo también lo libraré: Ponlo en alto, por cuanto ha conocido mi nombre. 15. Me invocará, y yo le responderé: Con él estaré yo en la angustia: lo libraré, y le glorificaré. 16. Saciaré de larga vida, Y mostrarle mi salud".

Llegué a la Iglesia un domingo con mis hijos y con Carmen. Recuerdo que desde que entré por la puerta algo me estaba inquietando en mi corazón. Yo había llegado bien, pero de momento algo me provocaba el llanto que estaba aguantado y me bebía las lágrimas pero no decía nada. Estaba asustada porque no entendía por qué me sentía así. Me preocupaba porque era algo que yo no podía controlar y no me gustaba que me vieran llorar. Estaba acostumbrada a aguantarme siempre mis lágrimas. Yo siempre quería tener el control.

El Señor comenzó a llenarme pasando su mano santa en mi corazón, lugar donde se esconden y guardan los sentimientos. El Espíritu Santo, desde que entré por esa puerta, estaba tratando conmigo porque yo estaba dispuesta ahora a dejarlo todo para seguir a Cristo. Porque finalmente yo había entendido que no tenía a nadie y que Él era mi único refugio, mi única compañía, mi consolador y mi paz. Abrí la puerta para que Él entrara.

Dice la palabra de Dios en el Salmo 51:17:

"17. Los sacrificios de Dios son el espíritu quebrantado; Al corazón contrito y humillado no despreciarás tú, Oh Dios".

Comencé a caminar y veía cómo las personas que asistían a esa iglesia me miraban mientras buscaba un lugar para sentarme. Quiero describirles un poco cómo se siente una persona que hace ese esfuerzo de buscar ir a una iglesia por necesidad. Una persona con cargas y problemas de los que el mundo le ofreció, viene llena de auto-discriminación, se siente que no merece ni siquiera estar pisando el santo lugar, se siente como si llegara a un lugar donde todo es limpio, puro y ella lo ensucia con todas las cargas que viene arrastrando. Se siente como un ser inmerecido de estar en ese lugar. Tiene ganas de salir corriendo.

Cuando me senté en uno de los bancos, comencé a sentir como si mi cuerpo tuviese millones de agujas picándole, sentía algo extraño que nunca antes había experimentado. Mientras estaba sentada allí, me asaltaban tantos pensamientos a la mente que casi no lograba dilucidarlos ni ordenarlos. Pensamientos como: "Estás perdiendo tu tiempo aquí, no te pueden ayudar...". Pero yo tenía también el pensamiento de ánimo que me decía: "Yo creo en Dios y sé que Él es real y me va a ayudar".

Me imagino que, para ese entonces, los demonios se murmuraban entre ellos: "Corran, porque hay rumores de que la depresiva de Perrine *(seguro que ya me habían adjudicado un nombre)* se está saliendo de lo natural para el mundo y está entrando en el FUEGO DE DIOS".

El Señor se había metido en la batalla, los Ángeles estaban peleando, estaba a punto de ser liberada y los demonios temblaban porque creían que eso no podía ser cierto.

Pero la palabra de Dios dice:

"Venid a mí todos los que estáis trabajados y cargados, y yo os haré descansar". (Mateo 11:28).

Por lo tanto, una vez que uno toma la decisión de buscar a Dios, Él no nos dejará. Él con sus brazos nos alcanza y debajo de sus alas nos refugia. Él es el único que nos da descanso. Yo puedo visualizar la batalla de aquel día y la puedo concluir: "Y Dios ganó, su ejército salió vencedor, hay demonios tirados por donde quiera, derribados por el poder de Dios".

Un alma que le pertenecía al reino de las tinieblas es dirigida por el Espíritu Santo de Dios y está a punto de tomar una decisión que los demonios tienen que interceptar antes de que se ejecute.

Una mujer que estaba confinada a muerte, porque pensamientos de suicidio no faltaron. Quise terminar con todo, hasta con mi propia vida, porque la voz del mismo Satanás me decía: "Mátate, tú no tienes a nadie. Mátate que ya no sirves porque no sabes ni siquiera mantener un hombre. Mira cómo estás sola, sin familia y desamparada. Eres un perfecto estorbo para esta sociedad. Mírate en el espejo: eres fea, pero bien fea". Esto es lo que el diablo hace con nuestras mentes. Busca controlarlas, pues la mente es como la computadora de todo el cuerpo. Estos pensamientos traen consigo

Un nuevo nacimiento

desánimo, tristeza permanente, depresión y, finalmente, ganas de morir.

Mientras escribo esto, elevo mis oraciones a Dios por todas las mujeres que se encuentran cautivas de estos pensamientos diabólicos y destructivos y le pido que las libere de esta monstruosa enfermedad que muchas veces conduce a la muerte y a noticias desastrosas para nuestros seres queridos.

Yo en aquel momento estaba buscando una respuesta y si no la encontraba, sabía que moría. Lo curioso de todo esto es que, en realidad, el hombre terrenal no sabe nada. Ni con todo su bachillerato terminado, no sabe nada. No puede entender este estado de depresión al que los médicos sólo le recetan pastillas para dormir y que logran hacerte co-dependiente de ellas. Cada vez que te sobreviene la depresión, buscas una pastillita para ayudarte a olvidar todo. Hay mujeres que sí fueron a buscar ayuda pero la buscaron en el lugar equivocado, donde sólo consiguieron empeorar su estado, porque buscaron la ayuda terrenal, no la verdadera, la que cambia, la que limpia, la que quebranta los yugos. Y por eso muchas terminan en un manicomio, en la cárcel, en las adicciones como el alcoholismo, las drogas y hasta pueden terminar muriendo.

Pero nuestro Dios todo poderoso lo sabe todo. Él sabía quién era yo y en qué punto de mi vida me encontraba. En ese momento lo quería rendir todo a Él. El hombre que me había prometido amor eterno me había fallado y sentía que todo se terminaba para mí.

Jeremías 17:5: "*Maldito el hombre que confía en el hombre*".

En los tiempos de mis padres, siempre se decía que el hombre que uno escogiera para el matrimonio, tendría que ser hasta que la muerte los separase y esto era algo que yo respetaba mucho. Anhelaba llegar a vieja con mi compañero. A veces recuerdo cuando le decía: "Cuando lleguemos a viejos, yo voy a ser una viejita linda y sexy". Y todavía lo digo: yo seré una vieja alegre, siempre en la moda y por sobre todo feliz, hasta el día que parta de este mundo.

Dios habla directamente a mi vida

Ese día que yo me arrodillé ante Él, algo lindo comenzó a suceder y pude entender que Él era real. Aquel domingo en que me dirigí a la iglesia, comencé a escuchar las alabanzas y luego de las alabanzas, vi cómo el Pastor comenzó a hablar a la congregación presente. Puedo recordar aquel día en su totalidad, pues fue el día que entregué mi vida a Cristo. El Pastor comenzó a profetizar y sus palabras exactas fueron: "A ti te dice El Señor: te traje desde allá hasta acá para que sepas que estoy contigo en tu dolor". Este mensaje profético impactó en mi vida, en mi alma y en mi cuerpo. Era como si las palabras se inyectaran en mí y me dijeran: "Es a ti que te estoy hablando". Comencé a sentir la presencia de Dios de manera especial y cuando

Un nuevo nacimiento

el Pastor terminó su momento profético, yo no quería sentarme, quería correr al altar en ese momento.

Cuánto me AMA mi Dios, para que entre tanta gente que se congregaba en esa iglesia, eligiera a una persona entre tantas para hablarle directamente. Yo sentía la voz de Dios que hablaba directamente a mi corazón. "Este es el tiempo, tu tiempo ya llegó, es ahora". Pero Carmen me decía: "Mary, siéntate ya. Todos nos tenemos que sentar". Yo quisiera que el orden del hombre se rompiera en las iglesias y que permitieran que fuera el orden de Dios el que tome el control, porque en ese momento mi deseo era correr al altar, gritar que lo amaba y que sí, que lo quería en mi vida para siempre y hasta el fin de mis días. Pero había un orden para hacer las cosas y no era cuando se estaba sentado, sino cuando se terminaba el servicio y se hacía el llamado. Yo tengo un problema con esto porque creo que la iglesia es de Dios y Él hace como quiere.

Quieren hacer siempre lo que ellos desean y no dejan que el Espíritu Santo tome el control de nada. Todo es manipulado a un cierto control de orden. En ese momento, yo tenía mucho miedo, miedo porque sabía que no había confesado a Jesús como mi salvador y si moría, podía ir al infierno sólo porque hay un orden. Yo sé que Dios ve más allá que lo que ve el hombre y Él sabía que yo ya lo había aceptado en mi alma y en mi corazón. Allí fue que El Señor, en su misericordia, tomó el control de mi vida. En la iglesia a la que asisto ahora, no hay tales cosas ni ningún tipo de prohibiciones: en el momento en que uno siente deseos de llegarse hasta el altar y derramarse a orar, el altar siempre está abierto.

Yo quería seguir adorando a Dios, pues lo sentía dentro de mi ser con mucha fuerza. Esas palabras habían llegado hasta los tuétanos de los huesos que sostienen mi cuerpo. Yo hablaba en silencio allí con Dios y le decía: "Señor, yo me quiero entregar ahora y aquí todo tiene un orden, pero yo comienzo a entregarme ahora mismo, en este asiento entrego mi vida a ti, Señor, porque sé que es ahora que necesito hacerlo". Luego, cuando hicieron el llamado, yo no solamente caminé hacia el altar de Dios. Yo volé...

Ese día, el pastor nos pidió a todos los que habíamos entregado nuestras vidas que subiéramos a lo alto del altar y así lo hicimos.

El Pastor comenzó a orar por mí y yo sentí que mis piernas se deslizaron y caí al piso, no porque alguien me tiró o forzó, simplemente porque yo sentí una fuerza poderosa que vino a mí y tomó el control de todo mi cuerpo. Aunque peleaba contra aquello, era más fuerte que yo.

Cuando llegué a mi casa ese día, sentí que había un nuevo comienzo en mi ser. Veía a mi casa con otros ojos, ahora sentía que amaba mi casa, y no como hasta hacía tan poco, que la odiaba porque sentía que en ese lugar nunca había sido feliz.

Después de regresar de la iglesia, decidí llamar a Santa Cruz para hablar con mi familia y darles la buena noticia. Cuando finalmente hablé con Berto, él me dijo: "En el Señor no hay casualidades". Me dijo esto porque el hombre que él estaba ministrando en Orlando, había fallecido ese mismo día, justo el día en que yo nacía de nuevo.

Aquí pude entender una cosa: Cuando estemos en la presencia del Señor, no tenemos excusa para justificarnos, porque Dios toca a cada uno en su corazón y si no le abres la puerta del mismo y no entregas tu vida al Señor, entonces, si llegas a partir de este mundo, desafortunadamente no entraras al cielo. Esa decisión se toma aquí, en la tierra. Dios no mira si tienes un corazón bondadoso, Él lo que quiere es que tomes la decisión de entregárselo a Él. Dice la palabra:

Mateo 24:14: "Y será predicado este evangelio del reino en todo el mundo, para testimonio a todas las naciones, y entonces vendrá el fin".

Hasta que no tomes esta decisión no entenderás el propósito que tiene Dios para tu vida, porque fue quien te creó con un propósito en mente y ese propósito es solamente revelado cuando empiezas a caminar con Él. De allí en adelante, comenzó un cambio en mí. No puedo pasar por alto que fue la primera noche que dormí como hacía tiempo no dormía: en paz, sin preocupaciones ni cargas. El señor tomó esa carga de mí y me permitió descansar tranquila.

Continué asistiendo a la iglesia los domingos y allí, al culminar la Escuela Dominical, se levantó una sierva de Dios y dijo que quería orar por mí. Cuando ella empezó a orar, el Espíritu Santo tomó el control de ella y comenzó a decirme cosas que me dolían como: "Tú tienes que pedir mucho perdón, mucho perdón, mucho perdón". Sí, recuerdo que me lo repitió tres veces. Yo no entendía nada, pues pensaba que si había alguien a quien otros le tenían que pedir perdón, era a mí.

Ese día, cuando salimos de la escuela bíblica, le dije a Carmen: "¿Ves, Carmen? Por eso es que no me gusta venir a la iglesia, porque gente que ni siguiera me conoce, enseguida viene a decirme mentiras, porque tú sabes que fue a mí a quien hicieron daño. Yo no le he hecho daño a nadie". Y Carmen me contestaba: "No dejes que eso te moleste. Sigue para adelante".

Yo le doy gracia a Dios porque los que estaban a mi lado eran los Ángeles y el Espíritu Santo, que me guiaban en todo tiempo.

Cuando llegué a mi casa, comencé a sentir que el Espíritu de Dios sí estaba hablando y me decía: "Tú tienes que pedir mucho perdón" y sentía esa presión del perdón que tenía que pedir. Recuerdo que oré al Señor y le dije así: "Señor, esa mujer oró y me dijo todas estas cosas y yo siento que fuiste tú. Enséñame cuál es el perdón que tengo que pedir. Muéstrame Señor qué es lo que hay oculto y que tiene que salir a la luz". Esa no-

Un nuevo nacimiento

che me fui a dormir. Cuando a la mañana me levanté y comencé en la cocina a preparar el desayuno para los nenes, vi que todo plato o vaso que yo recogía en mis manos para lavar, se caía al piso. Todo se resbalaba de mi mano y se caía al piso. Pasé un rato recogiendo platos y vasos rotos y luego sentí que algo sobrenatural me llevaba a todas las gavetas de mi casa y una por una se comenzaban a abrir solamente las que contenían cosas del reino de las tinieblas. En cada gaveta yo guardaba porquerías, brujería y preparaciones que tenían que ver con devolver a un marido a la casa. Hasta en la nevera y en el cuarto guardaba porquerías, pero ese día El Señor limpió mi casa.

Hay cosas en nuestras casas que no le dan libertad al espíritu de Dios. Dios quiere habitar en un lugar santo porque Él es santo, por tanto comenzará a limpiar las áreas de tu vida que no le dan libertad al espíritu.

Una vez que eché fuera todas aquellas cosas que estaban tomando espacio en mi casa, entonces escuché una voz interior que le hablaba a mi alma y que me decía con voz de trueno: "Ése es el perdón que tú tienes que pedir."

También lo repitió tres veces.

Mujer que lees este testimonio: quiero que sepas que cuando El Señor toma las riendas de tu vida, todo lo oculto, todo lo profano y todo lo malo tiene que salir. Porque cuando la salvación llega a tu vida, lo malo y oscuro tiene que ser eliminado.

Yo escribí un poema en forma de carta que quiero también poner en el narrativo de este libro porque fue una carta inspirada por Dios. Mi corazón rebosando de gozo, de la salvación de Dios en mi vida.

Este poema se lo dedico primeramente a mi Dios y luego a todas las mujeres que están pasando por las mismas circunstancias.

Les exhorto a que no teman, porque aún en medio del vacío de la quietud, en medio de ese momento en que no tienes a nadie a tu lado, en medio de las circunstancias que puedas estar experimentando, Dios promete estar contigo. Si tú le abres tu corazón, Él entrará y hará su morada en ti y ya no vivirás tú sino que vivirá Cristo en ti. Las cosas viejas pasarán y todas serán hechas nuevamente.

No te lo dice alguien que quiere escribir sólo palabras, sino alguien que ha pasado por momentos difíciles, alguien que ha experimentado el poder de Dios en su vida a raíz de un abandono. Él quiere entrar en tu vida y quiere realizar el propósito por el cual fuiste formada. Atrévete a creerle a Dios. Entrégale tu vida porque Él quiere ser el que lleve tu barca a puerto seguro después del huracán. Unos años después de haber aceptado a Dios como mi salvador y único compañero, pude entender quién era yo verdaderamente: soy una joya preciosa. Debido a todo el proceso que he transitado, escribí esta carta a mi Padre Celestial. Fue la carta en la cual puse todo lo que Dios me mostraba mientras yo recordaba los momentos feos de mi vida.

Un nuevo nacimiento

El Señor me mostró que siempre estuvo ahí, esperándome pacientemente.
Qué lindo es mi Dios.
Así dice mi carta:

Carta a mi padre

Padre Celestial, vengo delante de tu presencia para darte gracias por tu misericordia y por el amor que cada día me das a mí y a mi familia. Señor, te doy gracias porque estás conmigo. Me cuidas, me ayudas y me sostienes, tú eres mi todo, Señor. Nada de lo que tengo, ni siquiera el más pequeño objeto, es mío.
Gracias Señor porque cuando está lloviendo fuerte y con vientos huracanados, tú eres el que me guía a un lugar seguro. Cuando lloro y estoy desconsolada, tú siempre llegas justo a tiempo, nunca llegas tarde para consolarme. Nunca me has fallado, y es tu gran amor hacia mí, que hace que cada día me enamoré más de ti. Tú eres mi levantar, mi andar de día y también eres mi acostar y mi descanso. Qué lindo es tenerte como amigo, padre y consolador.
Nunca olvidaré cómo te conocí. Recuerdo que era un día muy oscuro y no se podía ver más allá a lo lejos. Ningún humano podía ver que había una mujer llorando sin consuelo, amargada, cansada, cargada y sobre todo, sin fuerzas para caminar a buscar un refugio. Pero entonces tú llegaste, tocaste a mi puerta, yo no respondí y como me amabas tanto, volviste a tocar y

entonces yo levanté mi cabeza y con expresión de dolor en mi cara, te pedí que me ayudaras.

Hoy han pasado ya doce años y sólo sé que soy feliz. Hay momentos de prueba, pero sé que tengo a un Maestro y amigo que está a mi lado en todo momento que necesite su ayuda. En ti, sólo en ti confío Señor, porque tú eres mi todo y sin ti, nada soy.

Capítulo 4

Casa sobre la roca

Decidí hacer un viaje a Santa Cruz a ver a mi familia, para estar con ellos y compartir lindos momentos. Recuerden que yo estaba recién convertida y todavía tenía algunas que otras malas mañas *(hay personas que dicen que Dios nos limpia completo)*. Yo no discuto de eso porque lo he visto con mis propios ojos. Pero sí sé que hay personas que continúan con vicios, porque yo aún seguía con aquel vicio del cigarrillo hasta que Dios me liberó sin darme cuenta. A Dios no lo podemos engañar y yo soy de las que creo que Él, que comenzó la obra, la perfeccionará. Por eso no debemos atacar a las personas, tenemos que ayudarlas.

En Santa Cruz estuve con mi hermana y solamente me satisfacía la palabra de Dios. Quería leerme toda La Biblia y saber más y más de la palabra. Qué interesante se estaba poniendo para mí La Biblia. Recuerdo que ese día me encontré con la Pastora Ivette Robles y supe que ella estaba orando por mi situación. Al encontrarla, no sé por qué se me ocurrió preguntarle cómo podía ser yo bautizada con el Espíritu Santo. *(Ustedes dirán: "¡Pero qué atrevida esta pichoncita, acaba de salir del huevo y ya quiere volar!")*. Yo sé ahora que ésas son las pichoncitas que quiere el Señor: atrevidas para recibir de Dios. Esa pregunta me salió y yo misma me quedé anonadada cuando me di cuenta de lo que había salido de mis labios. Pero la Pastora Robles me respondió: "solamente pídelo". Eso fue todo lo que me dijo y prometió orar por mí.

Un encuentro personal con Dios

Esa noche marcó mi vida para siempre. Era aproximadamente la una de la mañana y ya mi hermana, su familia y mis dos niños estaban acostados. El perro y el gato también dormían. Sólo se escuchaba el silencio de la noche.

Estaba leyendo La Biblia cuando de pronto me puse a orar al Señor y en esa oración recuerdo haberle pedido a Dios una experiencia con el Espíritu Santo. Cuando yo pedí aquello había algo en mí que sé que a Dios le agradó: que lo pedí creyendo. Me levanté para acostarme en la cama. Estaba boca arriba y con los ojos abiertos buscando caer en sueño. En ese momento, comencé a ver cómo una luz blanca penetraba el cuartito donde yo me encontraba. Aquella luz entró sutil y suavemente en la habitación. Inmediatamente entendí que esto no era algo común y corriente y en ningún momento dudé. Entendí que Dios estaba allí y comencé a dar gracias y a glorificar. Decía: "¡Qué lindo eres, Señor!". Desde que vi la luz, no sentí miedo, al contrario, traté de entreabrir mis ojos para ver todo, pero al mismo tiempo no quería que aquella luz se espantara y se fuera. Una cosa muy extraña que noté fue que al experimentar esta presencia, me di cuenta de que era la presencia de Dios, pues ante ella no te puedes quedar callado. Yo adoraba y adoraba. De repente sentí que mi alma comenzaba a salir de mi cuerpo. Esta experiencia la tuve estando yo despierta. Al poco rato, mi alma salió por completo de mi cuerpo y comencé a flotar en el aire mientras la luz estaba ahí, esperando suspendida en el medio de aquel cuarto. En ese momento sentí que había una presencia dentro de la luz que me llamaba, que me decía: "Ven, ven". No hizo señales con las manos, ni tampoco vi una cara, un personaje o una boca. Solamente vi una luz y en medio de ella, una presencia que me llamaba. Yo obedecí y, como si estuviese flotando, me fui acercando hasta ser rodeada completamente por la luz que me dijo: "Te voy a llevar a un viaje". La presencia de la luz que me llamaba me hacía sentir cómoda, como si estuviera con mi amigo o con alguien que conocía desde siempre. En ningún momento tuve miedo. Miré hacia la ventana de aluminio y le dije que sí, que deseaba ir pero que no podía salir por esa ventana. Antes de que yo terminara la frase, ya estaba afuera, subiendo, subiendo y subiendo. Veía el techo de la casa de mi hermana y los árboles desapareciendo debajo de mis pies.

En las manos del Maestro

Salmos 114:7 A la presencia de Jehová, tiembla la tierra.

Yo solamente glorificaba, no me quedaba otra cosa que adorar a Dios. Estuve así hasta que esa hermosa presencia me llevó a un lugar en el que se veían al descubierto todas las estrellas del universo. Las estrellas que brillaban e iluminaban la oscuridad de la noche. Allí estuve suspendida en el medio del universo un buen tiempo, boca arriba. Sólo escuchaba un extraño ruido. Repentinamente, comencé a sentir frío en mis pies. Sentía como agujas que se me estuvieran clavando y, en ese momento, pasé de estar suspendida en el medio de aquel universo, rodeada de luz, a descender. Así como me fui, así regresé a mi habitación y, esta vez, cuando el alma se depositó nuevamente en mi cuerpo, lo primero que hice fue exhalar un gran suspiro, sentarme y pensar en buscar a mis hijos. Cuando entré en mi cuerpo, sentí que mi espíritu se parecía a gelatina al posarse otra vez sobre mi humanidad. Entendí que eso era algo sobrenatural y quería levantar a todos para contarles, pero no se me permitió. No sé cómo, pero me quedé dormida hasta la mañana siguiente. Al amanecer, les conté a mis familiares lo que me había sucedido. No podía dejar de sentirme especial porque sabía que Dios me amaba tanto que, sabiendo lo que yo estaba pasando, quiso darme algo que me marcaría para el resto de mi vida.

A las dos semanas regresé a Miami y allí me llevé una sorpresa. Digo sorpresa, porque suele suceder que cuando uno se retira un poco, cree que quizás al volver se encontrará con que lo extrañó o algo por el estilo. Pero para mí no fue así. Fue cuando mi esposo me dijo que había decidido marcharse con la otra mujer. Me lo anunció en inglés: *I want to try over their.*

Estas palabras me dolieron mucho, pues aunque él ya estaba viviendo con ella y se pasaba días en otra casa, sus cosas todavía estaban en la mía. Como El Señor ya había tratado conmigo, solamente recuerdo que le contesté: "Si esa es tu decisión, tómala, pero recuerda: vas a venir arrastrándote como una serpiente y de mí dependerá de que te levante o te aplaste la cabeza". La verdad, no sé de dónde me salió esto. Hay días en los cuales estas palabras me vienen a la mente. Dios sabía el porqué de estas palabras, ya que se habían cumplido cinco años atrás. Hasta ese entonces no pude entender el porqué las pronuncié. Lo supe tiempo después.

Dos días después de que él se fuera de la casa, el sábado de ese fin de semana, decidí salir porque sentía que me ahogaba en esa casa. No quería molestar a Carmen, pues ya era mucho lo que dependía de ella. No tenía otra amiga de apoyo y aquella soledad me estaba volviendo loca. Agarré el carro y me dirigí hacia Miami Beach. Estaba sintiéndome mal y otra vez la depresión invadía mi cuerpo. Ese día me sentía muy desalentada, pero en un momento, mi hijo mayor José (gracias a Dios por José) me dijo:

—Mami, lee este artículo que te encantará.

—Mira ¿no ves que estoy manejando? —le respondí yo—. No puedo leer mientras conduzco.

Pero al ver su insistencia, le dije que dejara el artículo sobre mi cama, que al llegar lo leería por la noche. Luego de llegar, bañarme e irme a la cama, me di cuenta de que José me había dejado la revista abierta en la página del artículo que él quería que yo leyera. Sonreí y comencé a leerlo.

Para mi sorpresa, aquel artículo hablaba acerca del famoso jugador de *football*, Dion Sanders, de los Dallas Cow Boys. Dion había tenido una experiencia de la luz también. Recuerdo que cuando terminé de leer el punto final de aquel artículo, oí aquella voz que me decía: *"Recuerda la luz"*. Eso me levantó. Ahora me daba cuenta de que el Dios que estuvo en Santa Cruz no se quedó allá, sino que se había venido conmigo y estaba donde quiera que yo fuera. Me levanté, fui directamente a la habitación de José y le pedí perdón por no haberle hecho caso antes. El Señor siempre llega a tiempo, somos nosotros los que queremos atrasarlo por no quedarnos quietos y esperar.

Salmos 46:1: Estad quietos y conoced que yo soy Dios. Cuando no esperamos nos desesperamos.

Casa sobre la roca

Para formar una casa sobre la roca, en primer lugar hay que tener a Cristo.

Él es nuestra fundación, nuestros cimientos, y una fundación sólida es una buena fundación. Recuerdo cuando era niña que mi papá construía casas y nosotros, que éramos cinco, le acompañábamos a construir. Mi papá se tomaba días tratando de levantar un buen fundamento, unos cimientos sólidos y para ellos se esmeraba en la zapata, haciéndola lo más profunda posible en la tierra. Luego la varilla amarada, alrededor del fundamento. Yo recuerdo que la varilla era mucha y yo preguntaba por qué tanta varilla y él me contestaba: "Una buena casa tiene que llevar buena varilla para soportar el peso de los bloques y reforzar la construcción". Y esto era verdad porque en la isla de Santa Cruz se han experimentado varios huracanes, uno de ellos llamado "Hugo" y todo quedó devastado. Pero para mi sorpresa, las casas construidas por papi estaban paraditas e intactas. Yo entendía el fundamento de esa forma de explicarlo, pero del fundamento basado en la vida del ser humano no conocía nada.

La casa eres tú en espíritu, alma y cuerpo y el fundamento es Cristo. ¿Qué quiere decir que tú, que eres la casa, te edificarás sobre el fundamento, que es Cristo? Que todo te irá bien. Dice la palabra que aunque vengan los más impetuosos vientos, tu casa no caerá.

Lucas 6:48: Semejante es al hombre que al edificar una casa, cavó y ahondó y puso el fundamento sobre la roca; y cuando vino una inundación, el río dio con ímpetu contra aquella casa, pero no la pudo mover, porque estaba fundada sobre la roca.

Comencé a edificar mi casa sobre la roca. Comencé a asistir a La Iglesia de Dios, MI. en Perrine, a cargo del Pastor Serrano, ya que la otra iglesia me quedaba lejos y con bastante viaje de por medio. Llegué a esa iglesia y conocí por medio de un compañero de trabajo a una bella y hermosa mujer. Su nombre era Luz Marina Bustos. Ésta fue la mujer que Dios utilizó para que estuviera conmigo en ese momento de mi vida. Ella me brindó su amor y su cariño. Se interesó por mí, me llamaba, me buscaba y hasta cuando yo no me sentía bien, ella venía y lloraba o reía conmigo. Dios la bendiga siempre). Luz Marina y yo llegamos a ser muy buenas amigas.

Bautizada en el Espíritu Santo

No puedo olvidarme de un día muy especial: el día que fui bautizada con el Espíritu Santo por primera vez. Esa mañana era un domingo y teníamos escuela dominical. Cuando acabó la escuela dominical yo me sentía triste porque quería sentir a Dios. Yo buscaba con hambre el toque de la presencia de Dios en mi vida. Y recuerdo que me acerqué a Luz Marina y llorando le dije:

—Yo creo que Dios no me quiere.

Luz Marina se comenzó a reír y me preguntó:

—¿Pero qué estás diciendo, mujer? —Comencé a llorar como una niña chiquita y ella me dijo—: ¿Pero qué te pasa?

Y yo le contesté entre lágrimas:

—Es que yo no siento nada, yo no siento a Dios. Me acabo de bautizar en las aguas y quiero más de Dios y le estoy pidiendo pero no sé.

—Mira, sabes que tú no vas para tu casa —me contestó ella—. Iremos al Mall.

Y nos fuimos al Mall toda la tarde. Luego a su casa a cocinar y llegamos al culto de la noche. Yo ya me sentía bien pues había despejado la mente en el Mall. Cuando estaba entrando por la iglesia, Marina se voltea y me dice:

—Prepárate, porque hoy el Señor te va a Bautizar.

Yo la miré como pensando que estaba loca.

Comenzaron a cantar una alabanza que se llama *"Jehová está en su templo, alábale que vive..."* cuando en ese momento, en una visión, pude ver a Jesús vestido como de ceremonia, sentado en el altar con su túnica ocupando el altar. No era un traje ya hecho, sino que se formaba delante de mis ojos. Los faldones se movían para cubrir aquel altar. De repente, pude sentir que me arropó una presencia muy grata y comencé a moverme en el Espíritu. Yo trataba de contener aquello pero no podía detenerlo. Caí de rodillas con los pelos engrifados, pero llena de aquella sensación tan linda que Dios me había dado. Sentí en ese instante la mano de Luz Marina que me decía:

—Dios es bueno, manita —y se reía.

De esta experiencia aprendí una cosa: hay que humillarse delante del Señor. Hay que ser como un niño. A Dios no lo mueve las palabras, el decir "Gloria a Dios", pero vacío y sin muestras de sacrificio. A Dios no le provoca nada todo aquello que no nos cueste. Dios no quiere una adoración adulterada. Dios quiere una adoración genunina.

Comienzo a caminar a otro lado

Vendí la casa y me mudé a un lugar en Hialeah, Florida. Era un apartamentito chico pero con vista a un lago. De noche era precioso mirar el lago desde mi balcón. Allí me sentaba en una silla con una taza de café mientras los muchachos dormían y comenzaba a contemplar la hermosura de la obra de Dios. Comenzaba a hablar con Él de muchas cosas. Ese apartamento fue para mí una bendición. Allí fui bautizada en las lenguas y tuve mucha intimidad con Dios. Pasé de una casa grande y hermosa a un apartamentito chico, pero lleno del amor de Dios.

El Apóstol Pablo dijo en Filipenses 4:11: No lo digo porque tenga escasez, pues he aprendido a contentarme, cualquiera que sea mi situación.

Así me sentía yo. Aprendí que el afán de tener y querer cosas materiales no te lleva a nada, que el tener una casa grande, un terreno grande, el carro último modelo y tantas otras cosas, no era importante. Yo siempre dije: "Más vale vivir en un cuartito donde sus cuatro paredes encierren amor, paz y la cobertura de Dios, que en un palacio rodeado de hipócritas, mentirosos y engañadores que sonríen cuando los miras pero cuando te das vuelta, se burlan por detrás". Yo le doy gracias a Dios por ese apartamentito en Lago Grande, pues ahí aprendí a crecer en fe y prosperidad.

> *Romanos 8:28: Sabemos, además, que a los que aman a Dios, todas las cosas los ayudan a bien, esto es, a los que conforme a su propósito son llamados.*

El hecho de que yo hubiera perdido a mi esposo no parecía tener ninguna clase de sentido. Una de las preguntas que yo me hacía era la gran pregunta del "¿POR QUÉ?" Por qué, por qué, y por qué. ¿Saben? Hoy ya no pregunto "¿por qué?". Porque ya puedo entender el porqué. Ahora solamente estoy caminando este camino que Dios me llamó a seguir. Tengo el consuelo de que Dios tiene mi vida en sus manos y también tiene las respuestas. No les niego que hay cosas que me dolían y que me hacían sentir triste, como por ejemplo los días de fiestas, los cumpleaños, las bodas, las navidades y el día de acción de gracias. Me sentía triste y sola cuando, después de salir de la iglesia, me iba rumbo a mi casa, que normalmente estaba sola y no había nadie allí esperándome o extrañándome. Me consuela saber que Dios tiene el control de mi vida y que solamente Él sabe por qué me ha separado de esta manera. Entiendo que Dios quiere lo mejor para mí.

Cuando llegaba la semana en que los niños se iban para estar con su papá, me preocupaba mucho. Pero ahora los preparo para la visita con su papá y me preparo yo también para ir a los lugares a los que Dios me envía. Pero todo esto obra para bien, porque entiendo que Dios no me proveía de un esposo porque aún no era el tiempo. Había y hay áreas y aspectos de mi vida que tienen que cambiar.

Amiga que lees estas líneas: no te impacientes y entiende que todo obra para bien. El hecho de que estés sola no es porque Dios te está castigando, más bien te está preparando para cuando llegue la bendición que Él te quiere entregar. Esa persona que compartirá la vida contigo será para toda una vida. No te impacientes y te adelantes a los planes de Dios, porque luego te arrepentirás. Deja que Dios te lo traiga.

Llegué a Lago Grande el 31 de diciembre de 2001 y el 1º de enero de 2002 llegué a la Iglesia de Dios M.B. Casa de Refugio, Pastor José Renato. Cuando llegué me sentía morir porque había salido de Egipto y había entrado en el desierto.

Recuerdo que entré por las puertas de la Iglesia y el Pastor estaba en el altar dando la bienvenida a los hermanos. Mi papá, que Dios me lo bendiga mucho, estaba conmigo. Papi siempre ha estado ahí por mí. Desde que llegué a la iglesia, sentí que algo lindo estaba pasándome. Sentí que la mano de Dios me estaba recibiendo. Una de las alabanzas del coro fue: "Yo navegaré". Esa alabanza nunca la había escuchado pero nunca más me olvidé de ella. La hermana Maria Ogando tenía a cargo la devoción de esa mañana. Mientras cantaba la hermana, que tiene un ministerio de adoración hermoso, el Señor me estaba llenando. ¡Lloré tanto aquel día! Recibí un toque especial de Dios y sentí su presencia de una manera especial. Desde ese día supe que ésa sería mi iglesia.

Tengo que expresar algo muy importante que he aprendido: cuando Dios tiene un propósito con una vida, el enemigo pone resistencia y la batalla que se entabla es grande. Quizás muchos hermanos míos ni siquiera se dieron cuenta de que en ese tiempo yo estaba peleando mi batalla.

Les quiero hablar un poco de esto porque para mí es un tema muy importante. A diario, en nuestras iglesias, vienen personas cargadas y con aspecto de cansadas. Pero detrás de estas personas, créanme que viene también alguien que está peleando para que él o ella no sean liberados. Porque a mí me pasó esto es que puedo contarlo. Recuerdo muchos domingos dejando la iglesia porque sentía que no me querían y no me tomaban en cuenta. Sentía también que estaba perdiendo mi tiempo, cuando en realidad no era así. Estas sensaciones y sentimientos me los ponía el enemigo para que me fuera. Muchas veces me vi a mí misma en el parque o en el aparcamiento, llorando porque no podía estar adentro de la iglesia. Era una batalla horrible, pero a la misma vez hermosa porque pude entender que Dios estaba peleando por mí.

Un día, mi hija Jessenia, que en aquel entonces tenía dos años, entraba a la iglesia y le provocaba llantos, gritos y tanta inquietud que se ponía a dar vueltas debajo de las bancas. Yo me sentía muy mal, quería salir corriendo, pues una se siente muy molesta en esa situación. Gracias a Dios por la actitud de la hermana Janie Rodríguez que un día, viendo el comportamiento de Jessie, la tomó de la mano y la llevó directamente al altar y allí el Pastor oró por ella. Desde aquel momento hasta hoy, que ya tiene once años, nunca más volví a tener una distracción por parte de ella.

Del apartamento de Lago Grande pasé a otro apartamento más grande y espacioso pero allí sólo duré un año porque sucedió un milagro de Dios. Estábamos todos reunidos en la casa de Carmen, en una despedida de año 2002 y así, mientras en cadena orábamos para recibir el año nuevo, sentí la voz de Dios bien audible que me dijo: *"El próximo año la despedida será en tu casa"*. Recuerdo que abrí mis ojos mientras los que estaban allí todavía oraban. Cuando se hicieron las doce, me paré en el centro de todos los que allí se encontraban y les hablé de la experiencia que había tenido. Ellos me miraron y dijeron "Amén". Yo confieso haber seguido creyendo que eso sería así y no dudé para nada. Me fui de allí convencida de que era un año completo lo que tendría que esperar. Pero, para mi sorpresa, a las dos semanas me llamaron a la oficina y la voz del otro lado del teléfono preguntó: "¿Mary Rivera?"

—Sí, soy yo —le dije.

—Estoy llamándola de nuestra compañía. Usted había tratado de calificar para un préstamo de una casa —me explicó. Y yo le contesté:

—Sí, pero no me lo aprobaron.

Ella me contestó:

—Pero vamos a tratar de nuevo, quizás ahora sí se lo aprueben.

En ese momento, yo sentí que Dios estaba en el asunto porque no había llamado yo, sino ellos a mí, y cuando menos lo esperaba.

Números 23:19: Dios no es hombre, para que mienta, ni hijo de hombre para que se arrepienta. ¿Acaso dice y no hace? ¿Acaso promete y no cumple?

Y así fue: yo no llamé; me llamaron, yo no pregunté; me preguntaron, yo sólo creí.

Marcos 9:23: Jesús le dijo: si puedes creer, al que cree todo le es posible.

Yo creí y Él lo hizo posible. Así es el Señor. En abril yo ya estaba habitando en mi casa.

Josué 1:3: Yo os he entregado, tal como lo dije a Moisés, todos los lugares que pisen las plantas de vuestros pies.

Y ésta fue la palabra que el Señor cumplió desde aquel día en que me lo dijo audiblemente, hasta que me entregó su promesa en mis manos. Qué lindo es mi Dios. Hoy ya llevo ocho años de estar en esta casa y soy feliz. Nunca tuve miedo de estar sola. Muchas personas han llegado a mi casa y les preocupaba el hecho de que yo estuviera sola. Cuando me decían algo así, yo les respondía: "Yo no estoy sola y no necesito alarma de seguridad, ni siquiera necesito candados. Mi seguridad está en Jesús".

Sabía que no estaba sola porque un día, mientras oraba en mi habitación, el Señor me llevó en el espíritu a mirar fuera de mi casa. No sé cómo explicarlo, pero mientras mi cuerpo estaba arrodillado, mi espíritu estaba hablando con Dios y Él me mostraba Ángeles alrededor de mi casa: dos en cada esquina y uno grande en la entrada, cuidando la puerta. Por esto no temo, pues sé que mi casa está custodiada por ángeles.

He tenido la experiencia de recibir en mi casa la visita de familiares que no le sirven a Dios, que tienen la costumbre de hablar mal, y que vienen a visitarme para ver qué pueden conseguir. Pero he podido ver la mano de Dios obrando. Mi casa es un hogar santo, dedicado a Dios y por tanto, ninguna cosa maligna puede entrar.

Casa sobre la roca

Quiero contarles una anécdota de algo que me pasó. Recibí una llamada de un familiar que venía llegando desde Nueva York y, sin avisarme, se lanzaron en carro hasta Miami. Estas personas son maliciosas, mal habladas y por esto yo me puse mal. "Ahora estas personas vienen sin avisar. ¿Qué hago? Aquí no se pueden quedar." Pero sus intenciones eran las de quedarse en mi casa. Estaba desesperada. Llamé al Pastor y le expliqué la situación. Él me dijo: "Mire, Mary, usted confíe en Dios. Unge su casa y unge la puerta que ellos no podrán entrar". Y así lo hice. Para mi sorpresa, llegaron y me enteré que entre ellos venía uno que estaba de prófugo del Estado de Nueva York y lo estaban buscando. Afuera la temperatura estaba helada, como unos treinta y cinco grados. Mis familiares entraron pero estaban asustados y yo les pregunté:

—¿Qué pasa?

Ellos me dijeron que el muchacho no podía entrar. Confundida les pregunté:

—¿Cómo que no puede entrar?

—Él dice que hay algo en la puerta que le está oponiendo resistencia y no lo deja entrar —me contestaron. Cada vez que trataba de entrar, rebotaba contra el Ángel que estaba en mi puerta y no lograba pasar.

El muchacho se atribuló, comenzó a gritar barbaridades, a insultar y a protestar porque había algo en mi casa que no lo dejaba entrar. Pero en lenguaje de calle, ya saben ustedes.

—Lo que pasa es que esta casa está dedicada a Dios y los Ángeles acampan alrededor de ella. El que te opone resistencia es el más grande de ellos, el que está en la puerta, así que no sé que van a hacer, por mí pueden dormir en la sala, pero no sé qué querrá hacer el joven —fue lo único que contesté y el muchacho gritó enojado:

—¡Yo me voy de esta casa, aquí yo no me quedo! ¡Hagan ustedes lo que quieran, pero yo no puedo quedarme en un lugar donde no me dejan entrar!

—La verdad es que tú ya no eres la misma, no eres como nosotros. No hablas igual, no miras igual, no caminas igual... eres otra persona —me dijo una mujer del grupo, que me conocía muy bien.

—Sí —le contesté—, yo fui lavada por la sangre de Cristo y soy una nueva criatura.

Ella se despidió deseándome verdaderamente que Dios estuviera conmigo porque ella había podido ver también que ese muchacho que venía con ellos acababa de ser cómplice de un asesinato en Nueva York y lo estaban buscando. Andaban huyendo y pensando qué iban a hacer. Cuando me dijo esto, le contesté:

—Lo mejor que puede hacer es entregarse —y a continuación les ofrecí comida, les entregué cobijas y almohadas y se fueron sin yo tener que abrir mi boca.

Eso lo hace el Señor.

Dediquémosles nuestro hogar a Dios y no habrá saeta que vuele de noche, ni mortandad que toque tu morada.

Capítulo 5

Mujer, cuidado con los lobos

Antes que nada, quiero comentarles que sé que hay mujeres que están desesperadas, que creen que se les acaba el mundo por estar solas, que piensan que se están poniendo viejas y todavía no tienen a nadie. Quisiera hacer una advertencia por medio de este capítulo, a las mujeres que estén pasando por estos momentos de soledad. Acuérdense que tenemos un adversario que frecuentemente camina buscando la forma de hacernos caer. Con esto quiero referirme a los lobos rapaces. En primer lugar, una mujer soltera no debe confiarle sus problemas a un hombre, ya sea un amigo o un conocido.

Tengo que poner ejemplos para que no haya confusión. Y es por eso que voy a contarles de uno de los muchos que me han pasado. Tenía un supuesto hermano en Cristo que trabajaba conmigo. Su esposa era mi amiga también. El hombre, sabiendo lo que yo había pasado, se me acercó y comenzó a hablarme acerca de Dios y luego a preguntarme por mi problema. Yo, que en aquel entonces estaba tan herida, le conté todo con lujo de detalles. Para mi sorpresa él había empezado a hacerse ilusiones conmigo y me quiso consolar. Comenzó a querer ayudarme en todo. Yo sabía que algo andaba mal porque ni bien llegaba a mi casa, el teléfono sonaba y siempre era él. Mi hijo mayor se dio cuenta de que algo raro sucedía y me dijo:

—Mami, hay que tener cuidado.

—Sí, ya lo sé —le contesté.

Un viernes por la tarde, el hombre se me apareció en mi trabajo con un perfume de regalo. Yo se lo rechacé sin duda y lo confronté. A lo que quiero llegar con esto, es a lograr que las mujeres tomemos conciencia de que debemos tener mucho cuidado porque hay lobos rapaces que se disfrazan de ovejitas mansas. En conclusión: no le cuentes tu problema a todo el mundo, cuéntaselo a tu mamá, a tu papá y a Dios.

A veces estamos tan vulnerables que nuestro deseo es que alguien nos escuche. Queremos ventilar todo ese huracán que llevamos por dentro. Queremos hacer el papel de víctimas para que los demás sientan pena por nosotros y nos consuelen, pero la mayoría de las veces, terminamos siendo víctimas nosotras mismas.

Escogiste el camino perfecto que conduce a la salvación. Porque no hay otro camino, sino el camino de Jesucristo. Cuando el camino escogido es el de Cristo, es entonces cuando, por medio de las circunstancias de la vida, comienzas a madurar. ¿Cómo es que el águila se vuelve a renovar? Es, según la historia, a cantazo limpio, a picotazo contra la roca y a sangre fría. Así es también el cristiano verdadero. Digo verdadero, porque hay muchos que llevan el nombre de cristiano solamente por apariencia. El camino de la verdad y la vida, es el camino de Cristo y cuando un verdadero cristiano escoge este camino, ahí es cuando comienza el proceso de Dios en su vida. La palabra dice: "Por sus frutos los conoceréis". Dios comenzará un proceso de limpieza en ti.

Ejemplo de esto es el de un hombre que era mujeriego y dejó de serlo. Uno que era alcohólico ya no desea embriagarse más y así sucesivamente. Él sabe de toda las cosas que escondemos o que se han transformado en nuestra forma de vida normal, pero cuando comenzamos a caminar con Dios, todo cambia, porque Él tiene el control total de nuestras vidas. Y por esto el Señor me ha enseñado a mí, día a día, que Él tiene el cuidado de mí. Él sabe de qué cosas estoy yo necesitada y de aquellas que necesitan ser cambiadas en mí.

Por tanto, si tú puedes entender que lo que haces es malo para tu vida, mi consejo es que confieses tus pecados a Dios e intentes apartarte de lo que te quita felicidad. El tener necesidad de un compañero y un hogar feliz nos hace a veces adelantarnos al plan de Dios y, en consecuencia, metemos la pata... Porque no decimos la verdad: que a veces metemos la pata... Sí, porque nos encontramos con uno de esos lobos que se las saben todas, porque hay lobos que han ido a la escuela, a la universidad y que tienen diplomas con altos honores. Cuando el lobo comienza a hablar y nosotras estamos vulnerables y solas, sentimos pues que nos gusta su voz, porque él es tan astuto que dice exactamente lo que queremos escuchar. Cuando nos damos cuenta, nos encontramos en peor situación aún que la anterior, y cuando nos quedamos sin él, tomamos conciencia de que nos dejó la marca de sus pezuñas, aprendemos que ése era un lobo y sentimos una tristeza muy grande porque no podemos dejar de preguntarnos: "¿Y ahora qué hago?"

Todas estas cosas pasan cuando nos desenfocamos del plan de Dios para nuestras vidas. Cuando comenzamos a darle cabida a la voz del enemigo. El enemigo te susurra cosas tales como: "¿Cómo vas a encontrar a un hombre si no sales? ¿Cómo puedes conocer a alguien si no tratas con la persona? ¡La única forma de conocerlo es saliendo con él!" Éstas son algunas de las cosas que el enemigo utiliza para engañarnos.

Hay una cosa que yo sí sé, como me decía mi hermana Myriam Rivera, y es que Dios sabe dónde yo vivo y también quién será mi esposo. Por tanto, dejo todas mis preocupaciones en manos de Cristo sabiendo que ni siquiera tendré que entrevistar a un hombre y hacerle preguntas porque el que hace la entrevista es Cristo.

Cuando ese hombre llegue a mí, ya estará sellado y aprobado por Cristo. Así que yo no tengo que salir a entrevistarme con nadie porque la entrevista se la dejo a Cristo. Que Él lo entreviste y que Él lo apruebe también. Yo solamente espero en Él y confió que traerá a la persona indicada para ser mi compañero.

Mi consejo a las mujeres solteras es éste: tengan cuidado y aprendan a esperar en el Señor, porque Dios cumple lo que promete. A veces nos ponemos a buscar nosotras mismas y lo dañamos. En ocasiones me he puesto a pensar que a veces Dios permite ciertas situaciones para que podamos aprender a esperar. Y no hagas yugo desigual pues escrito está en:

> 2 Corintios 6:14: *Somos templo del Dios viviente. No os unáis en yugo desigual con los incrédulos; porque ¿qué compañerismo tiene la justicia con la injusticia? ¿Y qué comunión la luz con las tinieblas?*

No podemos buscar un compañero en el mundo, porque lo que está en el mundo no entiende el plan de Dios y trae confusión y desaliento para tu vida, trae incredulidad, duda y finalmente trae falta de paz. Y todo lo que no trae paz no proviene de Dios. Hay cosas que aparentan ser muy buenas pero no provienen de Dios, por eso a la larga conducen a un constante martirio y a consecuencias desastrosas para tu vida.

Con nosotros está el Espíritu Santo y he podido experimentar en mi caminar en Cristo, que toda decisión que tomes tienes que llevarla en oración a Dios. Esto es muy importante, porque cuando sometemos todos nuestros deseos o pensamientos a Dios, Él nos ayuda usando su mediador, el Espíritu Santo, para que te guíe en el camino. Cuando sientas preocupación, desaliento o quizás no sientas la paz de Dios en cualquier cosa que emprendas, ten por seguro que esa decisión no es sabia. Porque todo lo que proviene de Dios trae consigo paz.

Recuerdo unos días, después del divorcio, que yo no permitía que el papá se llevara a los niños a pasar tiempo con él. Un día de esos, parecía que el Espíritu Santo me estaba esperando porque ni bien doblé mis rodillas y comencé a orar, escuché la voz que me dijo con autoridad: "Tienes que dejarlos ir". Mientras oraba, sentí que Dios me hablaba al alma y me decía: "Tienes que dejar ir a los niños". Cuando el Señor me dijo esas palabras, comencé a analizar esto. "¿Cómo puede ser que yo deje ir a estos niños si son mis hijos? No, ese hombre no está bien de la cabeza y a lo mejor se olvida que tiene a los niños y les pasa algo". A pesar de mis pensamientos, esa voz continuaba diciéndome: "Tienes que dejarlos ir". Cuando finalmente tomé la decisión de dejarlos ir, le dije al Señor que no era lo que yo quería hacer, pero que si esa era su voluntad, así lo haría. Le pedí también que yo pudiera sentirme en paz cuando esto ocurriera y que no estuviera preocupada o ansiosa de saber cómo estaban. Cuando llegó el día, llamé al papá —que no lo podía creer—, y ese viernes vino a buscarlos para llevárselos el fin de semana completo. Me dio un fuerte abrazo y se puso a llorar porque no podía creer que yo había dejado a los niños ir con él. Yo le dije que no era yo en realidad, sino que lo hacía en obediencia a mi Dios, el cual me había dicho que los tenía que dejar ir y así fue que lo hice. Ellos se fueron y yo no sentí nada: ni pensamientos malos y ni siquiera la nostalgia de extrañarlos. Nada. Me acosté en el mueble de la sala y me puse a mirar televisión. De repente, comencé a llorar porque:

"¡Ah! Siento que soy una mala madre, que no quiero a mis hijos porque ni siquiera los extraño". Y en ese momento volví a sentir nuevamente esa voz: "Mujer, me pediste paz y te la estoy dando. Esa paz que sientes y que sobrepasa todo entendimiento".

Algunos de ustedes pensarán que esto no puede ser posible. Pues sí, es posible. Dios trata con nosotros a solas. Comencé a reírme porque entonces entendí que Dios estaba conmigo y que aquello que yo sentía era que Dios me había dado esa paz que sobrepasa todo entendimiento. Qué lindo es nuestro Dios.

Recuerdo también un día en el cual, junto con unas compañeras mías, estuvimos en la boda de Lizette y Fredy. Cuando nos encontramos en la ceremonia matrimonial, Milly y Margie, las amigas del trabajo, comenzaron a llorar de alegría al ver que Lizette se había casado. Yo las miraba y me sentía mal. Yo pensaba para mis adentros: "Ay, yo creo que no tengo sentimientos... yo no siento eso que ellas sienten".

Me fui a casa esa noche y eso quedó en mi mente, que me repetía: "¿Cómo puede ser que ellas dos lloraron con Lizette y tú ni siguiera una lágrima?" Ahí fue cuando comencé a llorar porque pensaba que yo no tenía sentimientos, que era un pedazo de piedra y que los problemas habían endurecido mi corazón.

Más luego les conté a ellas lo que me había sucedido y me dijeron: "No es que no tengas sentimientos, es que a raíz de todo lo que has pasado puedes resistir más".

No puedo negar que hay cosas que me hacen doler y lloro, pero sí puedo asegurar que Dios me ha fortalecido en este aspecto de mi vida y que todavía continúa haciéndolo.

Capítulo 6

Mujer, "Tú sí puedes"

Filipense 4:13: Dice la palabra de Dios: "todo lo puedo en Cristo que me fortalece".

Mujer, fuiste escogida por Dios con un plan en mente. Digo "fuiste" porque desde el vientre de tu madre, DIOS te conocía. Dice el *Salmo:*

Salmo 22:10: Fui puesto a tu cuidado desde antes de nacer; desde el vientre de mi madre mi Dios eres tú.

Tú vales mucho, pues eres creación de Dios. No eres cualquier cosa. Tanto te amó Él que envió a su único hijo para morir en la cruz por ti y por mí. Yo admiro a muchas mujeres que han marcado mi vida en este caminar en Cristo, son mujeres como la Pastora Miriam Estrada-Rivera, una sierva del Dios altísimo que Él puso en mi camino. Esta mujer es pequeña en estatura pero gigante en las manos de Dios. De ella aprendí a no rendirme y a seguir caminando a pesar de las pruebas, de las luchas, del quebranto y del dolor, porque lo importante es que Él siempre estará conmigo. Mi hermana Edith Sánchez, que ha sido mi paño de lágrimas, Carmen Peguero, Janie Encarnación, Helen Mena y Luz Marina Bustos. Estas son mujeres que me han llenado, y que me hacen sentir que estoy con una parte de mi familia cada vez que estamos juntas. Verdaderamente me demuestran que me aman. Yo también las amo mucho. Que Dios bendiga a estas mujeres de Dios y que las continúe usando con poder.

Quiero contarles cómo Dios ha obrado en mi vida personal para desechar todas aquellas cosas que no eran buenas para mí. Cosas como, por ejemplo, el mal carácter y los hábitos negativos que corrompen el cuerpo. Hábitos que si no se los ofrecemos a Dios en sacrificio, nos apartarán de Él, porque el Espíritu Santo que mora en nosotros, nos limpia de todo pecado.

Un ejemplo fue cuando, luego de convertirme al Señor, me era difícil dejar de fumar por mi propia cuenta. Qué horrible era aquello. Me sentía mal cada vez que me llevaba un cigarro a la boca. Era una lucha, una batalla en la que yo perdía. A veces tiraba todos los cigarros a la basura, con caja y todo y, créanlo o no, por la noche, cuando la soledad volvía a atacarme, corría a rebuscar en la basura hasta encontrarlos y luego sentirme mal. No tenía fuerza de voluntad. Esto sucedió hasta un día en que, a la iglesia a la que yo asistía, llegó un predicador para hablar acerca de los cigarrillos escondidos en las carteras. Y aquel Espíritu Santo comenzó a decir: "Oye, eso es contigo, tú eres quien tienes esa cajita en tu bolsa". Yo pensaba: "No, eso no es conmigo". Pero dentro de mí sabía que Dios me estaba hablando. Sentía como si una cámara estuviera mirando el contenido de mi cartera. Comencé a agarrarla fuertemente y desde el asiento a la parte atrás de la iglesia, comencé a hablar con Dios. El predicador pedía a la gente que pasara, depositara su caja y pidiera a Jesús que lo liberara de ese vicio. Yo no quería ir allá a pasar esa vergüenza. Yo sentía que eso era una vergüenza. Y le dije: "Señor, tú que todo lo puedes, para ti no hay nada imposible, quítame este vicio del cigarrillo". Y fue desde ese mismo instante, que nunca más volví a tomar un cigarrillo en mis manos. No sé qué pasó, yo sólo me di cuenta de que no fumaba más después de una semana. El cigarrillo no me atraía. ¡Qué contenta estaba! Pues sabía que era Dios el que estaba limpiándome.

Yo sabía que ni el parche, ni el *Nicoderm*, ni nada podía ayudarme y entendí que sólo Cristo me podía liberar de esta atadura. Era mi disposición de querer y la de Dios de Poder.

No hay nada que sea imposible para una mujer entregada a las manos de nuestro Dios todopoderoso. En los años que llevo de divorciada, tengo que admitir que he aprendido tanto que yo misma a veces me quedo sorprendida. Recuerdo el día que firmé el papel de divorcio. Miriam estaba conmigo ese día, cuando el

Juez nos declaró divorciados. Ese día, el que había sido mi esposo, actuó indiferente, como si nada. Yo digo "actuó" porque sé que así como me dolió a mí, también le dolió a él, porque una separación no es fácil. Una vez concluido el trámite, descendimos en el elevador, Miriam, mi ex esposo y yo desde un piso veintidós de la corte del Down Town de Miami. Qué dolor sentía. Estaba muy mal. Recuerdo que mi cabeza estaba inclinada hacia abajo y esta posición provocaba que mis lágrimas cayeran directamente al piso. Creo que en ese momento todavía tenía las esperanzas de que él me pidiera que no nos divorciáramos. El silencio en aquel elevador era opresivo y mis lágrimas brotaban de mis ojos y resbalaban hasta caer al piso. Creo que el silencio era tanto que casi se podía oír sólo el ruido que causaban mis lágrimas al golpear contra el suelo. Finalmente se abrió la puerta. Yo no hablaba, solamente comencé a caminar rápido para salir de ese lugar que habíamos frecuentado durante tantos meses. Miriam se quedó atrás y yo seguí más adelante hasta que recordé que ella también venía conmigo. Cuando me detuve a esperarla, ella me alcanzó e inmediatamente me dijo:

—¿Sabes qué, Mary? Pareciera como que todo ha terminado, pero es todo lo contrario. En medio de todo esto, yo vi un vientre fértil, como una mujer preñada. Hay un bebé que ha comenzado a crecer en el vientre.

Me estaba queriendo decir que en los momentos en que más vulnerable yo me sentía, era cuando Dios estaba comenzando con un nuevo plan. Y esas palabras me dieron fuerzas.

Antes tenía miedo de todo, ahora ya no le tengo miedo a nada. Compré mi casa con la ayuda de Dios, compré mi Minivan Chrysler del 2003 "de paquete", como dicen los boricuas. Ahora tengo un Durango del 2008. También en todo esto aprendí a pintar la casa, a cortar el pasto y muchas cosas más. Aprendí a sonreír, aprendí a abrazar, aprendí a amar. La Gloria y honra es de Dios. Yo soy totalmente nueva en Cristo, en mí ya no hay nada de lo que era doce años atrás.

Porque cuando pones tu vida en las manos de Cristo, Él te transforma, regenera tu mente y todo tu ser. Yo siento que ese útero preñado era yo, era mi nuevo nacer, porque a partir de ese momento, yo comencé a ser otra persona.

Me recuerda la conversación entre Nicodemo y Jesús: "¿Entonces quiere decir que tengo que nacer de nuevo? ¿Y cómo puede ser esto?", preguntó Nicodemo. Y Jesús contestó: "Hay que nacer del Agua y del Espíritu". Yo estaba en el útero del nuevo nacimiento.

No puede existir la palabra "no puedo, no creo", cuando la palabra a mí me dice en:

Filipense 4:13: Todo lo puedo en Cristo que me fortalece.

Comencé el Instituto Bíblico en la Iglesia de Dios, M.B., en el año 2002 bajo la dirección de nuestro Maestro y Director Ángel Peña. A pesar de todos los momentos difíciles que se me presentaron; gracias a Dios, el día 16 de abril de 2005 me gradué del Instituto Bíblico. La Gloria es de Dios, ya que cuando yo creo que no puedo, Él cree en mí porque me conoce mejor que nadie. Él siempre supo que yo podía hacerlo. Mi Dios es bueno...

Tú también puedes, mujer de Dios; todas tenemos un talento que Dios nos ha entregado. Desde que tengo uso de razón, supe que tenía el don de componer canciones, poesías y de escribir, pero nunca lo puse en práctica, hasta que vine a los pies de Jesús y entendí que mi talento no venía de mí, sino que venía de Dios. Siento gozo cuando puedo deleitarme en los dramas, los poemas y las composiciones de canciones. Me alegro cuando veo a una mujer que fue una ex drogadicta y que luego fue transformada por la sangre de Cristo, y gracias a eso hoy puede ministrarnos con sus canciones compuesta por ella misma. Dios fue quien nos puso en este mundo, no el hombre.

Dios tiene un propósito contigo, atrévete a encontrarlo.

Hay mujeres que han sido abusadas o todavía siguen siéndolo. Yo quiero hacerles saber que hay dos formas de golpear: una es aquella en la que te golpean, te maltratan físicamente, te marcan con bofetadas y puños. La otra es la que te golpean con las palabras. Golpes de la lengua. Golpes verbales como: "No sirves para nada, no sabes hacer nada, eres fea, gorda, estás vieja, mira cuántas arrugas tienes" y así por el estilo. Palabras que le hacen daño al corazón, a la mente, a la conciencia. Golpes que a veces te marcan, que te hacen creer que verdaderamente no sirves para nada. Y cuando eres víctima de esto, comienzas a buscar causas, como por ejemplo: "Tiene que ser porque mi mamá no me habló de eso, y ahora yo no sé cómo hacerlo sentir bien". Y así. Buscas una salida fácil, pero nunca miras la realidad de la situación: quien te hiere de esa manera es porque no te ama. Ni siquiera piensas en aquellos momentos en que se conocieron, cuando a él todavía no le molestaba nada y tú le agradabas tal y como eras. Un hombre que te ama te cuida, te hace sentir segura y te ama como se ama a sí mismo.

Cuando vivía para el mundo me la pasaba encerrada entre cuatro paredes y sin un plan para mi vida. No tenía amigas y nunca tenía un plan de entretenimiento porque no encontraba nada que hacer. Ahora que lo veo de afuera, te puedo asegurar que no era porque no podía tener amigas, sino porque no quería a nadie cerca que conociera la realidad de mis encierros. Pero desde que entregué mi vida al servicio de Dios, todo cambió. Llevo aproximadamente doce años trabajando para la obra de Dios y estoy contenta. Siento que soy parte de algo grande y ese algo grande es el cuerpo de Cristo. El Señor me ha dado muchas oportunidades para entender y darme cuenta que nací para servir.

Solamente, poniendo tu vida en las manos de Cristo es que podrás entenderlo todo.

Dios te formó con un plan en mente. Hay algo que Él puso en ti y que solamente tú lo tienes. Sé curiosa... ¿No quieres descubrirlo? Atrévete a poner tu vida en las manos de Dios y te darás cuenta quién eres.

Hasta hoy en día, el Señor me ha dado diferentes puestos y cargos: fui la secretaria del Instituto Bíblico en nuestra Iglesia, fui secretaria de la Escuela Dominical y también tengo el hermoso llamado al departamento de Misiones, el cual para mí es un deleite. Me encanta poder ir a las afueras y predicar la palabra de Dios.

Marcos 16:15: Y les dijo: Id por todo el mundo y predicad el evangelio a toda criatura.

Como Presidenta de Misiones, lo primero que le dije al Señor fue: "No quiero puestos por nombre, quiero con el puesto la misión también". En el año 2008, Dios me dio "Misión Costa Rica". Allí construimos una iglesia de cemento. El gobierno de Costa Rica estaba a punto de cerrar la iglesia de Santa Cecilia debido a que la estructura estaba a punto de caerse. Y Dios proveyó. Yo sé que si me nombró fue porque la misión ya estaba destinada para mí.

Siempre estoy súper atareada en las cosas del Señor. Tengo una familia grande a la cual amo mucho.

Mujer: Dios tiene un plan contigo, solamente tienes que creer en Él y no serás avergonzada.

Romanos 10:11: Pues la Escritura dice: Todo aquel que en Él creyere, no será avergonzado. Y Romanos 10:9: que si confesares con tu boca que Jesús es el Señor, y creyeres en tu corazón que Dios le levantó de los muertos, serás salvo.

Hay tanta confusión en este mundo que es entendible el porqué hay tantas personas confusas y cerradas, empecinadas en no querer oír a nadie. Pero también es cierto que la palabra de Dios nos da una advertencia referente a los últimos días:

Mateo 7:15: Guardaos de los falsos profetas, que vienen a vosotros con vestidos de ovejas, pero por dentro son lobos rapaces.

Hay muchas religiones, pero hay un solo Dios. En los últimos días se levantarán falsos profetas y confundirán a muchos. Por eso está la advertencia de:

Mateo 7:15: Hay un solo camino que conduce al cielo, no hay dos y Jesucristo es el camino que conduce a la Salvación. Hay muchas falsas doctrinas, pero hay un solo Dios.

Yo creo en el poder de Dios, pues tuve un encuentro con Él en medio de toda la confusión de religiones y busqué al verdadero Dios. Pero lo busqué en espíritu y en verdad y Él me oyó y respondió a mi clamor. Ese mismo Dios ha sido el que hasta hoy me ha llevado de la mano. Estoy donde estoy porque un día tomé la decisión de seguir a Cristo y éstos han sido los mejores años de mi vida. No lo cambiaría por nada.

Así que, si estás confundida, sientes que algo te está faltando o tienes un vacío, tienes que saber que ese vacío sólo lo llena Cristo. Nos sentimos y estamos completos cuando llegamos a Cristo, porque Él es esa gran parcela que completa nuestro ser.

Una cosa muy importante: hay muchas mujeres y hombres que creen que están atadas o que nacieron conectadas a su pareja. Es cierto que cuando tomamos el gran paso de unirnos en matrimonio, nos convertimos en una sola carne, pero también es verdad que la salvación es individual. Como me gusta probártelo con la palabra, quiero decirte que en:

Mateo 16:24: Luego dijo Jesús a sus discípulos: "Si alguien quiere ser mi discípulo, tiene que negarse a sí mismo, tomar su cruz y seguirme".

Capítulo 7

Todo tiene su tiempo
(La mies es mucha y los obreros son pocos)

Entiendo que todo tiene un tiempo específico: el nacer, el reír, el gatear y finalmente el caminar. Todos tenemos un tiempo específico. Hay quienes nacen y mueren el mismo día. Qué horror para una madre que después de llevar a su bebé en el vientre por nueve meses y al presentársele en el parto, su bebé pierda la vida. (¡Y uno se atormenta y se hace tantas preguntas…!).

Como esta situación hay muchas más en las cuales uno no entiende nada. Pero Dios lo entiende todo. Lo duro de todo esto es cuando tenemos que pasar por el dolor, el quebranto y el duelo de perder a un ser querido. Nuestros pensamientos no son los pensamientos de Dios y tampoco nuestros tiempos son los tiempos de Dios.

Conozco mujeres que están deseosas de poder acurrucar un bebé que está dentro de su vientre, en sus manos, y por una razón que sólo Dios sabe, no pueden quedar embarazadas. (Personalmente yo pienso que por algo será que Dios lo está aguantando).

Lo peor del caso es que la ciencia tampoco se lo explica porque se les han hecho tantos exámenes a la pareja y los dos están en perfecta salud de acuerdo a los médicos. Pero sin embargo la mujer no puede concebir. Es como si la matriz se le hubiera paralizado. Y buscan tantas formas y maneras de poder tener un hijo… La edad avanza y nada pasa. Pero Dios tiene el tiempo de cada uno en sus manos. Un perfecto ejemplo de esto es el de Abraham y Sara.

> *Mateo 6:25: Por tanto os digo: No os afanéis por vuestra vida, qué habéis de comer o qué habéis de beber; ni por vuestro cuerpo, qué habéis de vestir. ¿No es la vida más que el alimento, y el cuerpo más que el vestido?*

Nosotros, como seres humanos, tendemos a pensar con nuestra mente finita. Estas cosas no las entendemos y cuando nos tocan momentos en los que hay que esperar, muchas veces buscamos culpables y casi siempre terminamos acusando a Dios. ¿Adónde estaba Dios cuando mi esposo se fue? ¿Adónde estaba cuando mi hijo murió? Y así por el estilo.

Recuerdo un día, en un campamento de damas, una de ellas estaba siendo tocada por Dios fuertemente. Dios estaba tratando con esta dama. Ella comenzó a dar buenísimos frutos y experimentó un cambio radical tremendo... Pero tan pronto comenzó a perseverar, le vino la primera prueba: su esposo se marchó de su casa. A esta mujer le dio tanto rencor al saber que su esposo se había marchado, que comenzó a culpar a Dios y ya no quiso nunca más seguirlo porque pensaba que Dios era el culpable. "¿Por qué?" —se preguntaba—. "Si yo le sirvo a Dios, ¿cómo es que me ocurre esto?"

Es en ese preciso instante cuando el enemigo toma ventaja en nuestra mente. Y así es como terminamos dándole la espalda a Dios.

Ella no entendía el proceso de Dios.

¿Y qué de la mujer soltera?

Así también es la mujer soltera: se desespera cuando ve que pasan los años y no llega su galán. Yo puedo hablar de esto pues lo he pasado. Se siente una desesperación tan grande, que casi siempre termina desenfocándonos del plan de Dios y nos hace cometer errores de los cuales nos arrepentimos luego.

Recuerdo que pasé por muchos momentos de desesperación y desaliento porque pensé que Dios se olvidaba de mí. Créanme hermanas: Dios no se olvida nunca de nada. Todas tenemos que pasar por un proceso de maduración que no se da en nuestros tiempos, sino en el tiempo de Dios.

Y el tiempo de Dios es el mejor de los tiempos.

Cuando era niña, recogía la fruta papaya *(los cubanos le dicen fruta bomba)*. La recogíamos verde. La arrancábamos y luego le hacíamos pequeñas cortaduras con un cuchillo. Esto hacía que la fruta adelantara su maduración, pero había un problema: nunca era tan buena y dulce como cuando se esperaba y se recogía directamente del árbol, ya madura. Es que el árbol le daba al fruto la nutrición hasta el momento final. Nosotros metíamos nuestras manos y lo dañábamos. Le arrancábamos al árbol su fruto antes del tiempo.

No dejes que te magullen

De la misma forma, hay muchas mujeres que están deseosas de que las arranquen del árbol antes de tiempo y, desafortunadamente, no darán buen fruto porque su fruto será amargo.

Quizás eres una mujer que ha entregado su vida a Cristo y mientras estás siendo regenerada, te sientes desesperada. Es aquí cuando tenemos que tener cuidado porque, a causa de esto, podemos terminar manoseadas.

Sí, sucede como con los frutos que son cortados antes de tiempo. Cuando las ofrecen en el supermercado, todo el mundo, al ver el color amarillo verdoso, las manosea logrando que la fruta se magulle y luego nadie quiere comprarla.

Ocúpate en la obra de Dios

Dios desea hacer algo en tu vida y quiere que el tiempo en el cual estés sola, se lo dediques a Él. A veces nos quejamos y decimos cosas negativas como: "Es que estar sola no es fácil". Pero es en esos momentos, en los cuales crees que estás sola, cuando tienes que darle gracias a Dios porque es Él quien prepara los momentos para que tú y Él los pasen a solas. Dios quiere tener tiempo contigo. Cuando no estén los niños en casa, lo que debes hacer es preparar el lugar para estar a solas con Dios. Y si no tienes niños, también. Dichosas las que tienen niños como yo, porque tienen con quién hablar, pero hay mujeres que no los tienen y se les hace aún más difícil.

Aprende a escuchar a Dios.

Un día me encontraba en mi casa, sola, cocinando para mí y a la vez estaba conversando con mi papá. Mientras hablaba con él, que me hacía compañía en la línea telefónica, comencé a servirme la comida. Ese día estaba separada, a solas con mi Dios. Me sorprendí cuando comencé a servir y me di cuenta de que había sacado dos platos, porque eso nunca me había pasado. Le dije a mi papá lo que me había ocurrido y él se empezó a reír y me dijo: "Pon un servicio para Él, pues está ahí contigo".

Cualquiera diría que eso no fue más que una simple equivocación, pero yo veo a Dios hasta en las más mínimas cosas. Son esas pequeñas cosas que Dios hace y que provocan que me enamoré más de Él.

Prepárate de mañana y retírate con Él en ayunas, buscando la dirección de Dios en todo lo que quieras contarle y escuchando su voz dirigiéndote. Cuando te sientas sola, es cuando más tienes que entregarte al plan perfecto de Dios, pues Él cuida de ti aunque no lo veas. Mi consejo es que renuncies a todo lo que no es de Dios y te entregues a su servicio.

Yo no escribo estas palabras para que ningún pastor o persona me exalte, sino porque yo he pasado por esto en carne propia y sé lo que es.

Si tu situación no cambia, y aunque ores y ores nada sucede, es que algo anda mal. Es entonces cuando tenemos que examinar nuestras vidas para ver qué podemos estamos haciendo que a Dios no le agrade. Porque a veces tenemos hábitos o hacemos cosas que para otros no significan nada, pero para Dios no es agradable. Si no estás segura de qué cosas estás haciendo que puedan estar ofendiendo a Dios, puedes pedirle que te lo revele. Puedes hacer esta oración:

"Señor quiero agradarte a ti, quiero servirte en espíritu y verdad. Muéstrame las faltas o áreas de mi vida las cuales tú encuentres pecaminosas, que no te agradan y que yo desconozca. Amén"

El mejor remedio para los momentos en que te sientes solo(a) es CRISTO... Él es el único que llena el vacío de la soledad. El mejor consejo que puedo darte es que si tienes niños, los involucres en todos los programas de la iglesia y que te entregues al servicio por completo. ¡Hay tantas cosas que podemos hacer para la obra del Señor!

Estoy contenta porque no pierdo el tiempo en cosas del mundo sino que las gano en la obra del Señor, y me siento feliz porque no puedo decir que me falta nada, pues Dios me ha sustentado en todo. (La Gloria Es De Dios). He aprendido a depender de Dios completamente. Sí, porque han venido momentos de pruebas en los cuales hubo escasez, y en los cuales me he llegado a turbar y a pensar que algo tuve que haber hecho para que la escasez tocara mi puerta. Sí, hermano, escasez en todo: en dinero, en comida, y en deudas que no se pueden pagar. Tú sabes que antes, las deudas automáticamente estaban pagas, pues la cuenta de banco nunca estaba escasa y sin saldo. Había bendiciones financieras todo el tiempo. Pero de un momento a otro, todo comenzó a cambiar. No había y punto.

Hasta donde dependemos de Dios, Él es nuestro sabio Maestro, nos conoce a cada uno personalmente y sabe qué hay en nuestro corazón. Hay veces que tenemos sentimientos que están silentes en nuestro interior y que nosotros mismos a veces no conocemos. Ahí es donde el Maestro se especializa. Y cuando a veces Él nos tuerce el tornillo, aunque sea solamente un poquito, y no resistimos, sale todo lo que estaba escondido.

Dios conoce todas tus habilidades y talentos y los pone a buen uso cuando llegamos a ser parte de la obra. ¡Hay tanto trabajo para hacer! Créeme que es mucho.

Hay enfermos en los hospitales, presos en las cárceles, niños sin familia, pobreza, pero sobre todo hay personas allá afuera que no conocen a Dios y necesitan que personas como tú y como yo les hablemos y los introduzcamos a Cristo. Hay un mundo que gime a causa del dolor de la desesperanza. No hay nada mejor que el servicio al necesitado. Hoy en día me ocupo de hacer lo que puedo para la obra del Señor y créanme que me siento muy chévere. No tengo momentos de sentirme sola, ni triste, ni cargada, todo lo contrario: me siento útil y necesitada.

A menudo, llegan momentos en los cuales el camino se pone un poco áspero. Yo comparo el camino hacia Dios con una montaña grande y con dificultades para subir y llegar a la cima. Pero con la dirección y la guía de Dios, podrás subirla. El valle, que es la parte baja de la montaña (o llano) es un lugar placentero donde todos quieren estar por muchas razones: el valle es bien frondoso, hay pastos verdes, ríos y frutos. Pero en el valle en realidad no hay nada, porque Dios no habita en el valle. Él habita en las alturas de los montes. Él llamó a Moisés al monte para poder compartir con él; también llevó a Elías a un reto con los Baal. A nuestro Señor Jesús le encantaba subir a los montes para dar sus sermones. También en el monte

Calvario, dice la palabra, que nuestro Señor Jesucristo fue expuesto a una muerte en cruz. Y allí nuestro Dios expresó la mejor prueba de Amor dando a su único hijo para que muriera en la cruz por nosotros, en una muerte dolorosa y cruel. Por esto, cuando tomes la decisión de servirle a Dios, recuérdate que comenzarás a subir el monte. En el monte de Dios hay sorpresas. Pues Él, mejor que nadie, nos conoce ya que fue nuestro autor, el que nos formó a su imagen y semejanza. Él conoce todo acerca de nosotros y conoce el manual de instrucción de cada uno de sus hijos. Él conoce todos nuestros defectos y virtudes. Por esto, transitando el camino, he podido darme cuenta de muchas cosas; pero una de ellas por sobre todas las demás. Que como nos dice en:

Romanos 8:28: A los que aman a Dios todas las cosas ayudan a bien.

Cuando escogemos caminar por el camino que conduce a la salvación, instantáneamente podemos sentir que ya no vivimos nosotros solos sino que Cristo vive en nosotros y tratamos por todos los medios de hacer una nueva criatura y hacer las cosas conforme como nos las pide nuestro Señor Jesucristo.

La conversión de Saulo de Tarso es un gran ejemplo de esto. Saulo de Tarso era un hombre totalmente opuesto a las cosas de Dios. En *Hechos, capítulo 8,* se habla de que este hombre era un perseguidor de los cristianos, los buscaba para entregarlos a la cárcel y yo pienso que hasta los odiaba, porque dice la palabra que arrastraba a las mujeres sin compasión alguna. Pero lo que más me conmueve de este pasaje, es que él creía que estaba haciendo lo correcto y en realidad estaba equivocado.

Pero Dios conocía a Saulo y salió a su encuentro un día en el camino a Damasco. Saulo iba dispuesto a seguir maltratando cristianos, pero de repente sucedió un cambio y este hombre tuvo un encuentro con Dios. Un resplandor de luz lo rodeó y Dios le dijo: "Saulo Saulo, ¿por qué me persigues?". Inmediatamente él se puso a su servicio: "¿Qué quieres que yo haga?". Y el Señor le dijo: "Vete a Damasco" y fue en ese momento, que, al intentar abrir sus ojos, se dio cuenta de que no podía ver nada. Estaba ciego, tenía una especie de escama en sus ojos. Lo llevaron a la ciudad y dice la palabra que Saulo estaba orando y esperando tal como el Señor se lo había pedido, cuando Jesús se le aparece al discípulo Ananías, y sabemos que pudo recobrar la vista y también su nueva vida en Cristo.

Lo que más me gusta de la historia de Saulo es que Dios, conociendo que era un perseguidor de los Cristianos, lo convirtió en un ser totalmente opuesto a lo que era, y hasta llegó a cambiar su propio nombre de Saulo a Pablo.

Así como a Saulo, Dios quiere cambiar tu vida también. Quiere tomar todas esas lindas cualidades que tienes para usarlas en la obra del Señor. Somos sus obreros ahora.

Tengo que contarles algo que me sucedió y que considero como una de las formas que tuvo Dios para dirigir mi vida. Cuando llegué a los caminos del Señor, recuerdo que era muy frágil. De la nada me podía romper. Era como un bebé recién nacido que necesita de los cuidados de su madre todo el tiempo. Así era yo y sé que muchos también han sido así. Yo hacía muchas preguntas, tales como: "¿Será que Dios me ama de verdad? ¿Será que yo sirvo para el reino de Dios? ¿Será que tengo dones como dicen que cada uno de nosotros tenemos?", y muchas otras preguntas. Aprendí que Dios nos contesta cada una de las preguntas que le hacemos.

Una noche tuve un sueño en el cual manejaba mi Minivan y me encontré con un camino que salía de la tierra e iba directo al cielo. Yo siempre le daba vueltas al camino pero nunca me tomaba el atrevimiento de subir por él. Yo sabía que algo bueno me estaba esperando arriba pero, en aquel sueño, yo tenía miedo a las alturas. Mi hijo José también estaba conmigo en la parte delantera del carro, y Christian y Jessy en la parte de atrás. Recuerdo que José me decía: "Mami, tú te pasas dándole vueltas al camino pero no subes por él". Y yo le respondía: "Hijo, es que es difícil. Le tengo miedo a las alturas". Él insistía: "Mami, solamente maneja hacia arriba, dale al acelerador y cierra los ojos. Yo estaré a tu lado y seré tus ojos". Me gustó esa idea y así lo hicimos. Yo oía su voz dirigiéndome y sólo apretaba el acelerador hasta que por fin llegamos.

Recuerdo que cuando llegamos, era como un camino frondoso y placentero y ya no había que luchar tanto. Lo peor, que era subir, ya lo habíamos pasado.

En ese momento pude ver que habíamos llegado a un bosque, que en aquel bosque había una obra y que allí estaban trabajando duro unos cuantos obreros. Las caras de ellos eran las de miembros de la que fue mi Iglesia. Había como un río de agua que bajaba por las montañas y el que fue nuestro Pastor José R. Ramos estaba allí también. Yo corría hacia él y lo llamaba: "¡Pastor!". Él miraba hacia mí y cuando estaba cerca le decía: "¡Llegué!" y él me decía: "Sí, llegaste Mary". Le preguntaba: "Pastor ¿y ahora qué tengo que hacer? ¿En qué puedo ayudar? De momento veo una muchacha que viene por el camino llorando y se la ve confundida". Cuando miraba hacia mi pastor, él solamente me contestaba: "Mary, esa es tu obra". Yo comenzaba a hablarle a esa muchacha con ternura y amor, a mostrarle y a hablarle acerca de la obra y del dueño de la obra: nuestro Señor Jesucristo.

Como a Saulo (Pablo), Él sabe a dónde tiene que llevarte, sabe de tus habilidades, y sabe también cuál será tu obra pues Él es tu creador.

Si no le conoces aún, créeme Él te espera con sus brazos abiertos. ¿Quieres ser un obrero del reino de Dios? Solamente tienes que tomar una decisión: acepta y proclama que Dios es el Creador del mundo y que

Todo tiene su tiempo

Jesús murió en la cruz por nuestros pecados. Pídele que te perdone y que escriba tu nombre en el libro de la vida. Si quieres, puedes anotar tu fecha aquí para que siempre que mires este libro te acuerdes de cómo tomaste esta decisión.

_____

Nombre y fecha en que entregué mi vida a Dios.

Si no quieres hacerlo, lo entiendo. No estás obligada/o. Es tu decisión. Pero yo sé que al terminar de leer este libro seguramente visitarás esta página de nuevo.

Capítulo 8

Un lenguaje nuevo

Santiago 3:5: (La lengua es un miembro pequeño, pero se jacta de grandes cosas).

En este capítulo quiero hablar acerca de nuestra lengua, que es verdaderamente una de las cosas que en el caminar, los cristianos tenemos que aprender a domar.

Romanos 10:9: Dice que si confesares con tu boca que Jesús es el Señor, y creyeres en tu corazón que Dios se levantó de entre los muertos, serás salvo.

Es necesario, según este pasaje, que proclamemos con nuestra boca que Jesús es el Señor y que lo creamos también. Una vez que sabemos esto, llegaremos a un conocimiento completo de lo que es caminar con Jesús.

En el caminar cristiano tendremos momentos en los cuales llegarán a nuestras vidas problemas y situaciones difíciles, en las cuales tendremos que aprender a saber comunicarnos mejor. Recuerdo que cuando no conocía a Cristo, era torpe, miedosa y a menudo sentía mucho temor. Pero una vez que conocí a Cristo, comencé a tener un lenguaje nuevo.

Primer lenguaje: Dios me creo y soy su criatura.

Segundo: yo sí importo y valgo mucho para Él. Fui creada con un propósito y un plan en la mente de mi creador. No soy un error. Soy hermosa.

Antes, cuando estaba en el mundo, a diario me preguntaba: "¿Quién Soy? ¿De dónde vengo y hacia dónde Voy?"

A cada rato pensaba que era un error y que no pertenecía a este mundo (qué cosa, ahora me doy cuenta que así era).

Yo no pertenezco a este mundo, no soy de él, mi reino está en el cielo, mi hogar está allá. Ahora es cuando lo entiendo todo.

En este capítulo, quiero que cada persona entienda lo importante que es el domar la lengua.

Santiago 3:5 5: Pues bien, de modo similar, la lengua, esa diminuta parte de nuestro cuerpo, puede ser causa de grandes daños. Es como una chispa insignificante que provoca el incendio de un gran bosque.

Por lo tanto, tenemos que tener en cuenta cuando, en diversas circunstancias, dejamos que la lengua nos controle y comenzamos a decir disparates que a menudo terminan perjudicándonos. "Todo lo que confesares con tu boca, así será", dice la palabra de la Biblia. Aprendí a domar mi lengua de muchas maneras. Yo conocí al Señor, como les dije anteriormente, en un momento en que me encontraba bajo una lluvia copiosa de problemas. Y recuerdo que en aquel entonces los problemas me tenían atada a una cama, no quería salir, no quería vivir. Estaba muerta en vida. Este problema comenzó a hacerle daño a todo mi cuerpo y comencé a perder peso porque no tenía apetito. Pero aunque no deseaba nada de comer, trataba de hacerlo porque la pérdida de peso ya era demasiada, al punto de que me preocupaba. Estas son las cosas que nos llevan a depresiones mentales, a adicciones y también a enfermedades mentales y físicas y muchas de ellas terminan en la muerte.

Yo vivía diciéndome a mí misma: "No sirves para nada". Me miraba en el espejo y me decía: "No sabes satisfacer a un hombre". Estas eran algunas de las cosas que a diario pronunciaba mi lengua. Y mientras mi lengua lo decía, mi cuerpo se lo creía y así iba de mal en peor. Estaba deprimida y no tenía ganas de vivir.

Yo le doy gracias a Dios porque allí donde el hombre me tiró, ahí me recogió Cristo y comenzó a decirme: "Tú sí sirves, tú vales mucho. Tú naciste sola, no con el hombre a cuestas". Y así sucesivamente.

Un día, mientras me preparaba para irme a la cama, me di cuenta de que Jessenia y Christian estaban durmiendo, cuando la miré a ella en su cunita y a él en su cama, con los ojitos cerrados. Pude oír aquella voz que me decía: "Hazlo por tus hijos, levántate por ellos", y a partir de aquella noche, mi vida comenzó a cambiar. Comencé a visitar la iglesia y más adelante le entregué mi vida al Señor para que Él tomara el control completo de ella.

Cuando iba a mirarme al espejo, esta vez era yo la que dominaba y me decía cosas como: "Esta hermosura sólo la puede hacer Jehová, ese hombre no sabe de lo que se está perdiendo", entre tantas otras. Yo no decía esto sólo por decirlo y nada más. Estaba empezando a sentirlo y a amarme a mí misma. Comencé a cuidar el templo del Espíritu Santo, pues no quería que habitara tan hermosa presencia en mi cuerpo corrupto.

Hoy por hoy, soy quien soy gracias a la obra de Dios en mí. A Él sea la Gloria, porque Él me enseñó un lenguaje nuevo en mi vida y ya no hay nada ni nadie que pueda hacerme sentir despreciable porque ahora yo sé quién soy. Si tú lees este libro y todavía no sabes quién eres, mi mayor anhelo es que por medio de éste, puedas conocerte. Mi mayor deseo es que este libro sea un canal de bendición para tu vida. En él puede haber muchas palabras escritas, pero también se habla del único y verdadero Dios que te ama y quiere entrar a morar en tu vida como lo hizo conmigo.

Ahora tengo cuarenta y cinco años de edad y siempre digo estas palabras. Mi vida comenzó a ser vida cuando conocí a Dios. Antes de esto no era nada. Ten-

Un lenguaje nuevo

go al mejor de los compañeros y créanme cuando les digo que es el mejor compañero porque Él nunca me ha dejado sola, nunca me ha faltado nada y camina conmigo donde quiera que vaya. Siento su voz constantemente hablando a mi vida. Él es mi compañero fiel, mi Señor y mi Salvador.

Aprende a decir con tu boca palabras de aliento para tu vida. No te autodestruyas con los dichos que salen de ella. Él quiere salvarte, libertarte, sanarte y limpiarte. Él quiere lo mejor para ti porque te ama.

Mientras escribo esto, me viene a la mente el momento en que yo pensaba que mi vida sin el padre de mis hijos no era nada y que sin él, preferiría la muerte. Esta clase de pensamientos son los que sólo puede tener un alma perdida y sin esperanza. Esta clase de pensamientos son los que provienen de una persona enferma. Si estos pensamientos son los que se albergan en tu corazón y en tu mente, quiero decirte que estás mal. Porque esto no es el plan de Dios para tu vida. Dios quiere darte libertad y autoridad. No sigas viviendo esa vida de cautiverio, entrégasela al Señor y ya verás para lo que Él te creó.

Capítulo 9

No te adelantes
(Aprende a esperar en Él)

Juan 1:17: Lo que es bueno y perfecto viene a nosotros de Dios nuestro Padre.

Hacía aproximadamente diez años que me había separado del que fue mi esposo. A menudo, hay momentos de necesidad en los que uno desea tener una compañía al lado de uno. Tanto es así, que nos lo dice Dios en la creación del mundo. Al crear al hombre, Dios dijo:

Génesis 2:18: No es bueno que el hombre esté solo. Le haré una compañera que le ayude.

Y de la costilla del hombre, hizo Dios a la mujer y la llamó varona. Esta es una muestra de que, desde el comienzo de la creación, Dios supo que hacía falta esa ayuda idónea. Por esto los formó varón y hembra: para que así pudieran multiplicarse en la tierra.

Siendo esto así, sabemos que existe la necesidad de tener esa compañía a nuestro lado. Pero hay que tener cuidado porque cuando una mujer está sola, especialmente por abandono, hay una gran necesidad de llenar ese vacío que ha quedado, con un hombre. Por esto quiero hablar acerca de esperar el tiempo de Dios. Porque como dije al comenzar de este capítulo, lo que es bueno viene de Dios. Por lo tanto, es esperando en el tiempo de Dios que obtendremos lo bueno. No nos podemos adelantar a su plan perfecto porque lo dañamos. Yo estuve esperando en el Señor y mientras esperaba, he tenido mis momentos de maduración en estas áreas de mi vida.

Hay cosas que parecen ser de un modo pero no son. La desesperación solamente conducirá al pecado y el pecado engendrará sus consecuencias. Así que a ser cuidadosas porque, como dije en un capitulo anterior, hay lobos disfrazados de mansas ovejitas.

Aprende a escuchar la voz de tu Dios y a distinguirla de las demás. Sí, porque a veces Dios nos habla pero Satanás, que es el padre de la mentira y el pecado, nos quiere confundir. A menudo, tu alma sabe que estás cometiendo un error, pero en el campo de batalla de la mente, hay una voz infernal que trata de confundirte y decirte que no te pasará nada si haces esto o aquello y que Dios no se enojará por eso. Hasta te habla de la palabra y te dice cosas tales como: "¿Cómo puede ser que Dios se enoje, si su plan fue de que el hombre no estuviera solo?". Esta clase de batallas de la mente son las que frecuentemente convierten a una inocente oveja en presa fácil del lobo.

No te adelantes

Pero tengo un consejo para ti, mujer: aprende a escuchar la voz de Dios en medio de la mentira, de la falsedad, de la confusión y de la tentación. Sí, porque la voz de Dios también se manifiesta y es aquella que habla directo a tu corazón. La que causa la falta de paz es la voz de la tentación, y hay una voz que te palpa en el corazón y te dice: "Es el enemigo el que esta tocando, no es lo que aparenta frente a tus ojos. Ten cuidado".

Aprende a escuchar la voz de tu corazón. Cuando en algunas situaciones no sientas paz, preocúpate. El sentir paz en cada uno de sus actos, es uno de los primeros cuidados que uno debería de tener. Si alguna situación no te causa paz, no es de Dios.

Dios siempre habla. El que comete un pecado que luego no diga que no sabía, porque Dios siempre habla al corazón. Cuando al tomar una decisión te encuentres confundida, ésa es la señal que la decisión no es de Dios.

"Y la paz de Dios, que sobrepasa todo entendimiento, guardará vuestros corazones y vuestros pensamientos", en Cristo Jesús. Filipenses 4:7

Me pregunto de qué vale escoger lo primero que se me presenta y sin consultar con Dios, si sé que no seré feliz con esa elección. Una puede escoge un hombre quizás por el dinero que tiene, por el carro que conduce o por la casa en la que habita, pero todo eso no vale nada porque ¿de qué me sirve tener dinero, casa y riquezas si no tengo paz en mi corazón? Ninguna de estas cosas vale. Son vanidad de vanidades. Yo tenía una casa grande y muy bonita pero ¿de qué me servía? No tenía un hogar, una familia unida, ni tenía el amor de un compañero.

Yo quiero un esposo que ame a Dios por sobre todas las cosas, porque de esa forma, todo lo otro vendrá por añadidura. Quiero un esposo que me ame a mí y a mis hijos, que le guste compartir conmigo, que sea trabajador, que resuelva. No quiero un hombre que se la pase sentado, con el control remoto en sus manos, despeinado y esperando que le sirvan. Para eso me quedo sola. Tampoco quiero un papi chulo que se la pase con el peine y el gel, el filo en el pantalón y mucho perfume. Yo sé que Dios me lo dará y mejor de lo que yo espero porque es promesa de Dios para mi vida, y para la tuya también, solamente si sabes esperar. Hagamos juntas esta oración:

"Señor, sé que me amas y que quieres lo mejor para mi vida, sé que sabes que estoy sin mi ayuda idónea, sé que también sabes que necesito esa ayuda en mi vida. Pero no la quiero buscar yo, quiero que tú me la traigas, que tú lo escojas para mí. Mientras tanto, yo me mantengo orando para que tú lo bendigas donde quiera que esté y para que le sanes su corazón, si necesita ser sanado. Oro para que tú lo prepares para cuando se encuentre conmigo. Oro para que lo llenes de tu presencia y lo hagas un hombre de bien para mi vida, un hombre conforme a tu corazón. Gracias, Señor, porque tú ya lo escogiste y sabes quién es. Gracias porque tú lo limpias y lo restauras para mí. Gracias porque lo traerás pronto a mi vida. Amén".

Tu bendición ya llegó

Tu bendición ya llegó. Hace tiempo que Dios la tiene guardada y no te la entregará hasta que se cumpla el tiempo.

Me parece escuchar a alguien diciendo: "Pero es que yo la quiero ya".

Dios te la dará cuando estés preparada para recibirla. Él sabe cuándo estarás lista. Tú puedes creer que estás preparada y hasta podrás pelear, pero Él te mostrará en dónde estás falta de preparación. Sí, porque él no te dejará sola y sin respuesta. Yo sé que todavía Él está haciendo un proyecto en mí. El alfarero quiere que estés linda para cuando llegue ese compañero. En vez de pedirle al Señor mi compañero, le doy gracias porque me está poniendo bella para cuando él llegue. Le doy gracias porque también lo está preparando a él para mí.

Dale gracias por ese proyecto hermoso que Él esta formando.

Sé fiel hasta la muerte

Hay recompensa para aquel que sepa ser fiel hasta la muerte. Dice la palabra en el Apocalipsis: "Sé fiel hasta la muerte, que yo te daré la corona de la vida".

Este mundo, como muchos ya sabemos, es pasajero. Estamos aquí por poco tiempo. Tenemos nuestra ciudadanía en el cielo. A medida que caminamos el camino de la verdad, nos encontramos con nuevas cosas: nuevas iglesias, nuevas formas de alabar a Dios y nuevos movimientos que hoy están y mañana desaparecen. Hemos visto cómo Pastores y congregaciones enteras han sido arrastradas, turbadas y finalmente exterminadas completamente a causa de fuegos extraños.

Creo que en estos tiempos que vivimos hoy en día ha habido confusiones al interpretar el pasaje de los odres nuevos en odres viejos. Esto suele confundir a muchos, llevándolos a creer que hay que adorar a Dios de cierta manera nueva porque ya las viejas alabanzas pasaron y ahora tenemos que usar danzas, panderos, salterio, y montar una especie de espectáculo para mantener a la gente en la iglesia, y esto lo que causa es confusión y si no se llega a un entendimiento rápido, la iglesia se viene al suelo. Tenemos que ser cuidadosos.

He podido observar cómo los matrimonios que están en crisis están siendo turbados. Tienen conflictos en sus casas y, en busca de una verdad o una respuesta inmediata, se envuelven en religiones que practican con fuegos extraños. Conozco un caso de un matrimonio que fue a un lugar de esos buscando respuestas y por un fin de semana entero los separaron. A la mujer se la llevaron a un lugar, al hombre a otro diferente y después de unos tres días, los volvieron a reunir de nuevo. Fue aquí donde salió a la superficie la confusión, porque a ambos les habían llenado la cabeza de basura, tanto así que más adelante tuvieron aún más conflictos que antes. A ella le llenaron la cabeza diciéndole que ese no era el hombre que Dios había escogido para ella. Y claro, la mujer se desesperó, creyó aquella mentira y el hogar se destruyó por completo.

Son movimientos extraños que se están expandiendo para la destrucción de muchas personas. Tenemos que tener mucho cuidado pero, sobre todo tenemos que tener la cobertura de Cristo porque cubiertos bajo su manto, ningún fuego extraño nos puede confundir.

Lucas 21:8: Él entonces dijo: Mirad, no seáis engañados; porque vendrán muchos en mi nombre, diciendo: Yo soy; y el tiempo está cerca: por tanto, no vayáis en pos de ellos.

Dios nos creó con un plan en mente, no permitas que nada ni nadie te confundan y atrasen el plan de Dios en ti.

Toma tus propias decisiones

No permitas que otros decidan por ti. Atrévete a tomar decisiones propias.

La razón por la cual traigo este tema a cuento, es porque también me he visto cara a cara con una etapa de mi vida semejante, la cual he cambiado. Antes, yo permitía otros tomaran por mí las decisiones, y yo las hacía mías, como si las hubiera tomado yo en vez de otros. Pero claro: las consecuencias las pagaba sólo yo y no los demás.

Por ejemplo, cuando estamos rodeados de gente que tiene influencias en nuestra vida y nosotros nos encontramos pasando por un mal momento, o nos sentimos decaídas/os, por alguna razón, los demás se aprovechan de esa vulnerabilidad y el enemigo aprovecha para traer destrucción a tu vida. Hay momentos en que te sientes sola. No hay por qué esconderse o negarlo. Hay momentos en los cuales yo me he sentido sola y hay hermanos súper espirituales que tienen la creencia de que una persona que ha nacido de nuevo no puede experimentar este tipo de cosas. Y en consecuencia, te categorizan como que en algo le estás fallando a Dios.

Estas personas, lo único que logran es que uno se sienta mucho peor. Cuando una persona viene a mí y me dice: "Hermana, me siento triste, me siento sola", o lo que sea, yo inmediatamente trato de decir o hacer algo positivo para que se fortalezca. Un abrazo caluroso, una oración verdadera, una llamada telefónica. Estas cosas ayudan a levantar al caído en los momentos difíciles.

Yo aprendí a no juzgar a nadie. No importa quién sea que cayó en la desgracia o flaqueó. Él o ella es mi hermano o mi hermana, pero sobretodo es un hijo o una hija de Dios. Y yo fui llamada para auxiliarle en sus momentos débiles, a restaurarle, a levantar al que está caído y a buscar lo que se perdió.

Con dulces palabras de vida, con el abrazo, con el beso cálido y verdadero o con las simples palabras que yo les pueda decir, como: "Estoy aquí para ayudarte. Levántate en el nombre de Jesús".

Que cuando Dios nos llame a rendir cuentas, podamos ser aprobados y logremos responder a sus preguntas, porque llegará el día en que seremos llamados a su presencia.

Mateo 25:35: Porque tuve hambre, y me disteis de comer; tuve sed, y me disteis de beber; fui huésped, y me recogisteis.

Y yo le añado: "Porque estaba triste y me hiciste reír, porque estuve desanimada y me animaste, porque me dolía lo que me habían hecho y me dijiste que perdonara y mi corazón sería sano, porque estuviste cuando caí y aunque fue duro levantarme, tú me serviste de apoyo. No me humillaste, no me pisoteaste, no me olvidaste". Este es el Amor de Nuestro Señor.

Capítulo 10

Dios quiere lo mejor para ti

Dios es bueno. Todo el tiempo, cuando oigo estas palabras, ¡recuerdo tantas cosas que Dios ha hecho conmigo! Este capítulo para mí es muy importante, pues para terminar este libro El Señor me ha hecho esperar. Yo pensaba que el libro lo acabaría ya, pero lo que menos me imaginaba era que Dios tenía otros planes. El "Yo Soy" estaba a cargo de cerrarlo con broche de ORO...

¿Cómo se puede escribir un libro para desempeñar el ministerio ante las personas que lo leerán, si no hay un antes y un después? Quiero que sepan que el armado de este libro ha sido dirigido por el Espíritu Santo en todo momento. Y siento que serás bendecido por el mismo. Las personas que están leyendo este libro, seguramente estarán buscando una respuesta, una segunda oportunidad y querrán saber que para Dios no hay nada imposible.

Tuve que esperar una respuesta que no llegaba y sé que eso es porque todo tiene un tiempo establecido por DIOS… y no por el hombre. La respuesta que estaba esperando era cómo terminar este libro con un capítulo de puras respuestas.

Pues bien, comienzo diciéndoles que ya tenía diez años de soltera. Y recientemente anduve en un valle de confusión. Después de tantos años de espera y deseando como muchas tener al compañero con quien compartir mi vida tuve miedo, me desesperé y mi mente comenzó a llenarse de pensamientos tristes. El enemigo es malo, comenzó a susurrar cosas como: "¿Tú estás esperando a Dios para que te dé un esposo? ¿Y que te hace pensar a ti que Él te dará un esposo?". Y así comenzaron todas estas preocupaciones y preguntas. "Oye, ya estás en los cuarenta y te estás poniendo vieja, tal vez Él ya no te lo quiera dar".

Recuerdo que un día me puse incómoda. En nuestra iglesia teníamos solteras, pero que consiguieron un novio y luego comenzaron a preparar la boda y todo lo demás. Yo he ayudado en unas cuantas bodas a cocinar, a limpiar o simplemente a estar allí sirviendo a los invitados, con la esperanza siempre de que mi día llegaría. Cuando comencé a ver que había solteros que se habían quedado solos hacía apenas uno o dos años y se casaban antes que yo, fue cuando empecé a desesperarme. Me decía a mí misma: "Algo tiene que estar mal conmigo, porque mira cómo las mujeres que llegan a la iglesia ni siquiera ha pasado un año y ya se casan, y aquel que acaba de enviudar, ahora se casa. ¿Cómo puede ser que tú no encuentres a nadie?"

Un día jueves llegué a la iglesia con todas esas ideas locas en mi mente y regresé a mi casa llorando todo el camino. Recuerdo que cuando oré a Dios esa noche, lo único que hice fue llorar, no dije ni una sola palabra, sólo lloraba. Mi corazón estaba dolido, mi alma muy triste y mi cuerpo sin fuerzas. Pero Dios escuchaba mis pensamientos. Dice la palabra:

Salmos 30: Por la noche durará el lloro y a la mañana vendrá la alegría.

Había llegado a un momento de mi vida en el cual me ocupaban la mente pensamientos horribles. Sí, porque es necesario que estas cosas ocurran para que entendamos quiénes somos. Dios no te hace transitar por tus valles de soledad por gusto, sino porque Él sabe que es necesario que pases por estas situaciones. Dice en el libro:

Malaquías, 3:3: Y sentarse ha para afinar y limpiar la plata: Para limpiar la plata hay que quemarla con mucho fuego.

Y si el rostro del Maestro que la trabaja no se refleja en ella, es porque no está lista. Así somos nosotros: estamos siendo refinados y hasta que Él no vea su rostro en nosotros, no estaremos listos. A ti te puede parecer a veces que mejor no puedes estar, pero Dios ve más allá de lo que los humanos podemos ver.

En este proceso, hay personas que se acercan para intentar dañarte. Por ejemplo, yo era soltera y a veces me encontraba con personas que se me acercaban para influir con malos pensamientos. Un día estaba hablando con una líder que me dijo: "Yo pienso que quizás tú perdiste a tu esposo porque eras muy agresiva. A lo mejor le contestabas mal o usabas palabras muy fuertes", y así siguió la hermana, hasta que yo me di cuenta de que la tenía que parar. Esa hermana no conocía mi historia, sólo sabía que yo era soltera y que tenía tres hijos. Esa hermana asumió —en mi caso— que ese fue el problema que me llevó a terminar soltera. La tuve que parar con amor, pero con firmeza. Le dije: "Hermana, perdóneme pero usted tiene que tener mucho cuidado cuando da consejos porque hay cosas que asumimos pero no sabemos y pueden hacerle daño al otro". Yo sabía que ya había madurado en el Señor, porque si me hubiera dicho esto mismo unos años atrás, de seguro que hasta en Japón se hubieran enterado. Pero yo sólo le dije: "Nunca digas lo que asumes porque puede hacer mucho daño. Hay que tener mucho cuidado con lo que pensamos y decimos de la gente".

Cuando vemos a una hermana con cara amargada, no la maltratemos con nuestros dichos o con nuestros actos. Por el contrario, ayudémosle a sonreír un poco en vez de criticar y dar por cierto cosas equivocadas. Yo llegué con cara amargada en la que se reflejaba el dolor, pero Dios me la cambió por su gozo. Yo no me atrevía a abrazar a nadie, porque estaba amargada. En cambio ahora me encanta abrazar a mi semejante. Es por eso que cuando yo veo una mujer con esta clase de necesidad, enseguida la abrazo, porque sé que tiene mucho dolor y necesidad. Lo sé porque puedo verme en ella. Puedo entender por lo que está pasando. Pero también sé que en Dios hay esperanza. No siempre una mujer pierde su matrimonio porque no supo cuidarlo. Puede ser que lo protegió demasiado y sabe que, en realidad, en su matrimonio ella no falló. A veces cuando amamos a alguien lo idolatramos y es ahí donde reside el problema. Por eso mismo una se siente dolida: porque dio todo de ella y la traicionaron. Sé que en mi situación yo idolatré demasiado a aquel que fue mi esposo. Poco me faltó para ponerle un altar. Y por esto me sentí luego confundida y destruida, porque sabía que en el aspecto de los cuidados hice un trabajo innecesario.

Dios quiere lo mejor para ti. Por esto, mientras estés en este camino serás puesta a prueba. Y la prueba es buena porque de ella es que aprendemos. Tienes que estar preparada para lo que Dios ponga en tus manos.

Quizás se te presenta una situación en el trabajo, por ejemplo, donde hay una compañera a la cual no le caes muy bien y continuamente te pone el pie para que te caigas. Tú, viendo esto, te molestas tanto que estallas en llanto y gritos, pero nada logras con esto. Te lo cuento porque yo también lo pasé.

En mi trabajo llegó una nueva jefa que me hacía agrio el día. Buscaba pretextos para disciplinarme. Desde el primer día que entró al departamento, ya entró con mala cara y mala actitud. Era una mujer que había pasado por un divorcio amargo, de muchas discusiones y pleitos. También su esposo la había abandonado por otra. Ella, conociendo mi historia y sabiendo que yo era divorciada pero no amargada, me quería transmitir lo que ella llevaba por dentro. Al enterarse de que yo era cristiana fue peor, porque ella se había apartado de los caminos del Señor, porque le había echado la culpa a Él de todas sus desavenencias.

A diario, cuando entrábamos en conversaciones de perdón, se molestaba y decía que ella no perdonaría al infeliz que le había hecho tanto daño. Yo le contestaba que esa era de la única forma en que podría ser libre y ella decía, enojada, que no deseaba que él fuera feliz. Y hasta el día de hoy lleva una vida de amargura y resentimiento, tanto así, que su más grande deseo es que todos a su alrededor también sientan lo que ella experimenta. Por esta razón era que trataba de hacerme la vida un limón.

Al comenzar con ella yo la ponía en su lugar, pero a su mismo nivel. Sabía que era una supervisora pero también sabía que ella ya tenía mala reputación y yo no le permitiría que me hiciera daño. Un día me fui al trono de la gracia y le pedí al Señor que me ayudara, porque ya estaba sufriendo mucho a causa de esta mujer. Luego de que le pedí a Dios que me ayudara, la situación se puso peor. Ella demandaba más de mí, quería que hasta le hiciera su trabajo y yo ponía resistencia. Pero entiendo, por medio de la palabra, que somos diferentes, que no podemos ponernos al nivel de ellos. Yo aprendí a entenderlo y me humillé, primero ante Dios, y ante la supervisora después.

Un día en que la supervisora vino gritando y pidiendo que se hiciera el archivo de la A hasta la Z, yo le dije que en ese momento iba a dejar todo lo que estaba haciendo para cumplir con lo que ella me pidiera que hiciese. Para mi sorpresa, ella me detuvo, se calmó un poco y me dijo: "No, no lo hagas ahora".

Al otro día, esa misma mujer vino quebrantada de espíritu y no había nadie en mi sección, solamente yo. Ella llegó a mi oficina, se sentó frente a mí y comenzó a llorar. Yo de lejitos y con mucha cautela le pregunté: "¿Señora, está usted bien?"

Ella seguía llorando y yo le extendí un papel para que se secara las lágrimas, pero ella estaba muy cargada, cansada y quería deshogarse. Yo entendí que se estaba repitiendo la historia de David y Saúl en la cueva. Ella estaba en mis manos. Dios me la había puesto en mis manos. Allí comencé a interceder y a orar por ella para que Dios tomara el control completo. Dije: "Señor, tú la has puesto aquí ahora; te pido que me ayudes" porque yo necesitaba una intervención divina. Y así fue, le sequé las lágrimas y el Señor me dio palabras para ella. Ella lloraba y lloraba. Esta jefa era una oveja perdida. Nacida y criada en un hogar cristiano, pero que se había apartado a causa de una prueba, del rencor por la pérdida de su matrimonio.

Me decía: "Si yo le servía a Dios... ¿por qué Él permitió que mi esposo se marchara con otra?". Yo pude darle palabras que sabía que eran efectivas. Yo también culpaba a Dios cuando estaba pasando por el valle del dolor. Yo también me había encerrado, y también me había apartado de los caminos del Señor. No podía entender, en aquel momento, cómo, un Dios tan bueno y lleno de amor, puede permitir que un hogar se destruya. Pero lo que no sabía, es que mis planes no son los de Dios. Y que por más increíble que te pueda resultar, Él sabe por qué permite estas situaciones en tu vida. Porque conoce tu futuro.

Un muy buen ejemplo era mi amiga Sonia. Sonia se había enamorado de un muchacho muy bien parecido, estudioso y luchador. Pero un día no esperado, su relación se vino abajo porque él no quería tomar la decisión del matrimonio. La familia del muchacho se opuso a la relación y fue tanta la oposición que el vínculo no llegó a nada. Ella se atribuló mucho porque no entendía nada y nunca pudo comprender por qué él no quiso casarse con ella. Sonia vivió muchos años sin entenderlo. Un día recibimos una llamada diciéndonos que el muchacho, después de varios años, se había casado y finalmente había establecido su vida. Mi amiga no sentía ya nada por este hombre pero siempre quiso obtener una respuesta al por qué no la respaldó.

Pasaron apenas dos meses desde que se había casado, cuando recibimos la noticia de que al muchacho se le había detectado un cáncer maligno y que se había esparcido por todo su cuerpo. Sonia me llamó para darme la noticia. Estaba casi llorando y no pude más que decirle: "Ahora me parece que entiendes porqué Dios te estaba librando del muchacho". Él murió dos o tres meses más tarde. Yo le dije: "Hoy serías una viuda llorando la muerte de tu amado".

Tenemos que aprender a darle gracias a Dios, aunque no entendamos lo que ven nuestros ojos.

El día 29 de octubre se cumplió el capítulo final de este libro. Yo le pedía al Señor que me dejara completar el libro con un capítulo de cierre y con broche de oro. Y así fue, Dios me lo concedió. Cruzó en mi camino a un compañero que mejor no puede ser. Él tiene el corazón de Jesús. Lo mejor que me ha podido suceder hasta entonces. Esperé en Jehová y Él me oyó.

Salmos 40: Pacientemente esperé a Jehová y se inclinó a mí y oyó mi clamor, y me hizo sacar del pozo de la desesperación, del lodo cenagoso; puso mis pies sobre peña y enderezó mis pasos.

"Puso luego en mi boca un cántico nuevo, alabanza a nuestro Dios. Verán esto muchos y temerán y confiarán en Jehová.

"Bienaventurado el hombre que puso en Jehová su confianza y no mira a los soberbios ni a los que se desvían tras la mentira.

"Has aumentado, Jehová, Dios mío, tus maravillas y tus pensamientos para con nosotros. No es posible

contarlos ante ti. Aunque yo los anunciara y hablara de ellos, no podrían ser enumerados".

Es necesario que pasemos tormentas, es necesario que nos falte la paz, es necesario el dolor.

El día 8 de octubre de 2006 era mi cumpleaños, Dios me levantó por la mañana y comenzó a hablarle a mi alma. Me dijo: "Tuve que hacerte pasar por todo el quebranto, el dolor y la desesperación. Por un momento me retiré de ti, para que pudieras clamar con desespero. Tenía que escucharte llamar mi nombre y pedir mi ayuda. Te quité la paz y el gozo para que acudieras a mí".

Es así que El gran "Yo Soy" a veces tiene que retirar de ti todo lo necesario para poder trabajar contigo, moldearte y sacar todas las impurezas de tu barro.

Que reconozcamos que, sin Dios, no podemos hacer nada. Yo lo he vivido en mi vida de esta manera.

Ahora, manos a la obra. Tengo mucho que hacer y una boda que planificar. Así que, mujer, tú que te encuentras sola y quizás confundida, ten en cuenta que la clave es confiar en Dios y esperar en Él, porque Dios tiene puesto su atención en ti.

Si estás en el camino correcto, mi consejo es que sigas caminando, no mires atrás y créele a Dios. En su tiempo vendrá la bendición. No te adelantes porque lo dañas. Y no temas porque:

"Dios quiere lo mejor para ti".
Dios Te Bendiga.

www.ingramcontent.com/pod-product-compliance
Lightning Source LLC
Chambersburg PA
CBHW071703040426
42446CB00011B/1885